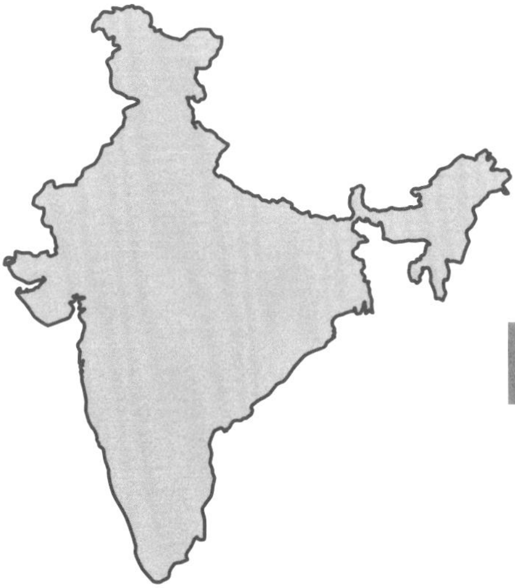

·決定版·

3小時看漫畫認識印度

關口真理、中島岳志、辻田祐子、三輪博樹、
繁田奈步——著　飛鳥幸子——插畫

印度的魅力

塔吉克
阿富汗
中國
查謨和
喀什米爾
聯邦直轄區
拉達克聯邦
直轄區
喜馬恰爾邦
旁遮普邦
北阿坎德邦
巴基斯坦
哈里亞納邦
德里
不丹
阿魯納查邦
尼泊爾
錫金邦
拉賈斯坦邦
北方邦
阿薩姆邦
納加蘭邦
比哈爾邦
梅加拉亞邦
曼尼普爾邦
古加拉特邦
賈坎德邦
特里普拉邦
亞美達巴德
西孟加拉邦
米佐拉姆邦
中央邦
加爾各答
印度
恰蒂斯加爾邦
孟加拉
奧迪薩邦
馬哈拉什特拉邦
孟買
浦納
緬甸
泰倫加納邦
海德拉巴
果亞邦
卡納塔卡邦
安德拉邦
清奈
邦加羅爾
坦米爾那都邦
喀拉拉邦
斯里蘭卡
印尼

一起來探索

India（印度）

面積	328.7萬平方公里
人口	14億1,717萬人（2022年：世界銀行資料）
首都	德里
民族	印度－雅利安人、達羅毗荼人、藏緬語族群等等
語言	聯邦官方語言為印地語，其他還有英語、憲法承認的各邦語言21種（2024年資料）
宗教	印度教徒79.8%、伊斯蘭教徒14.2%、基督教徒2.3%、錫克教徒1.7%、佛教徒0.7%、耆那教徒0.4%（2011年人口普查）
GDP	3兆3,851億美元（2022年：世界銀行資料）
平均每人GDP	2,389美元（2022年：世界銀行資料）
經濟成長率	7.0%(2022年度：世界銀行資料）
物價上漲率	5.02%(消費者物價指數)、-0.26%(躉售物價指數)（2023年9月：印度政府資料）
總貿易額	（1）出口　4,050億5,900萬美元（2022年） （2）進口　6,561億3,200萬美元（2022年） （印度政府資料）

（參考日本外務省資料製表）

前言

感謝各位翻開這本《決定版3小時看漫畫認識印度》。這本書自二〇〇六年第一版問世以來，後續的「二〇一五年改訂版」內容經過了大幅更新，除了疫情期間以外，年年再刷，是長達將近二十年的現代印度入門隱藏版長銷書（鼓掌）。這全都要歸功於讀者的支持、著者群筆下實用且值得信賴的文章，以及飛鳥幸子老師充滿魅力的漫畫與編輯部的心血。

二〇〇六年版的「前言」裡，將印度描述為「十億人口的終極巨大市場」。不過在二〇二三年，印度人口已達到14億，是世界人口最多的大國。如今印度依然是統一國家，但國內卻多出了約十個中型國家，並且作為「全球南方」和國際安全保障的關鍵成員，擁有舉足輕重的影響力，不論是國家還是社會發展，都已經無法與二十年前的分析相提並論。

這二十年來，日本和印度對彼此的興趣和實際有關聯的人大幅增加，交流的樣貌也變得多元化。本書的項目和內容也盡可能與時俱進，一直都秉持著基礎與客觀性，注重傳遞正確的資訊。但是在龐大又多元的印度，「事實」和「解釋」也會因為什麼人、什麼時候、在什麼立場、用什麼角度來觀察而不同。而且長年接觸印度，就會領悟到「不能盡信印度人所說的話」。就算是日本人也未必熟悉日本的一切，印度人也是同樣的道理，更棘手的是，加上印度的社會、宗教、階級的多重性，一位印度人認知裡的「印度」只不過是其中一個面相而已。

現在定居印度的日本人愈來愈多，可以即時傳遞大量的當地資訊，然而站在印度的角度，要簡單明確地向日本大眾傳遞真正重要的事件或案件，卻相當困難。國際新聞報導裡分給印度的篇幅有限，經常缺乏脈絡和背景的說明，僅止於無法讓人充分理解的暫時性話題。不過，既然印度是前途無量的大市場、在國際社會具有影響力，我們就不能忽略，這些都是建立在印度這個國家、社會、人民的基礎上。本書會以長遠的目光，以多層次（和有限的字數！）來掌握各個主題，努力做到客觀的記敘。

本書預設為商業用途，但也可以透過電玩遊戲和創作內容等新的觀點來關注印度，開拓出未來的印度最前線。期望這是一本可以滿足這種需求的「決定版」。

在此衷心感謝繼改訂版後仍願意撰文、協助改訂的辻田小姐、三輪先生、繁田先生，願意授權繼續刊登文章的中島先生，自本書第一版以來的「大前輩」飛鳥幸子老師與象頭神伽內什，以及在疫情期間依然堅持企劃了「決定版」的編輯部。

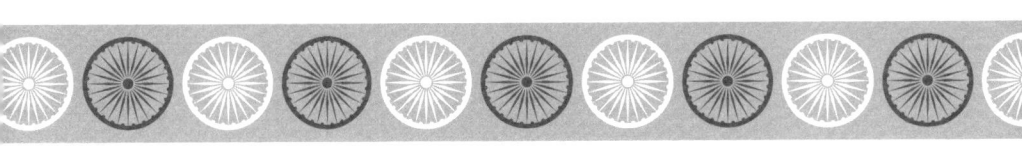

【決定版 3小時看漫畫認識印度】目次

第2章

認識印度第一階段

第3章 複雜的印度政治和外交

第4章 生氣蓬勃的印度經濟

第5章 進駐印度市場

第6章

多元深入的印度社會與文化

＊印度的地名、特定名詞皆經過專家審校，採用接近當地音譯的名稱，但也會考慮閱讀方便而選用通用易讀的名稱。

＊印度經常更改官方地名（例如一九九五年的孟買Bombay→Mumbai，二〇一四年的邦加羅爾Bangalore→Bengaluru），往後應該也是常態，但也有新名稱在印度不夠普及、不易發音，因而未能通用的例子。此外，知名度高的舊名也會廣泛併用，不會被視為錯誤，像是「孟買證券交易所（The Bombay Stock Exchange）」、「馬德拉斯大學」（馬德拉斯為清奈的舊稱）等特定名詞皆未變更。本書考量到閱讀方便，部分名稱會優先標示為舊稱。

＊印度的人口普查（國勢調查）是每十年實施一次，但由於調查對象數量龐大，需要幾年才能得出確切數據。最近一次的調查（二〇二一年）受到疫情影響，調查和統計作業延遲，因此本書主要引用的是二〇一一年的調查數據。

第1章

印度商業
最前線

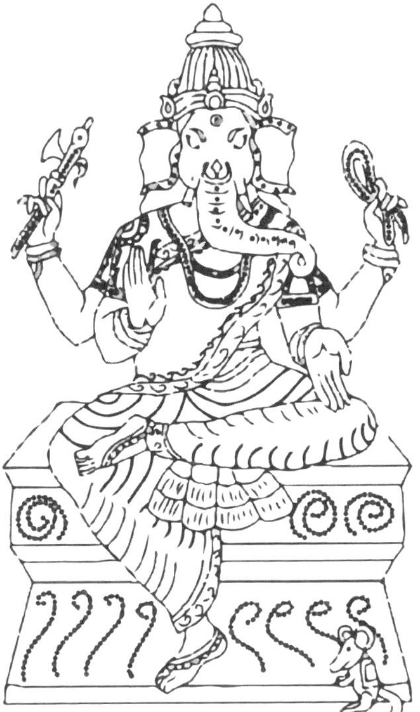

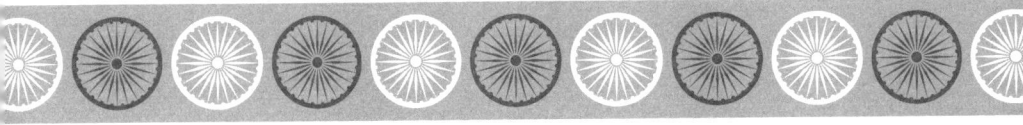

01 躋身成為世界焦點的印度

在全球經濟變動中贏得高度關注

在新冠病毒疫情大爆發的二〇二〇年三月，印度政府大刀闊斧宣布全國封城，重創經濟。結果，印度在二〇二〇年度的實質GDP成長率（由國際貨幣基金組織公布）是負6.6%，在全世界敬陪末座。

後來，隨著階段性放寬活動限制，以及企圖重建更強經濟的「自力更生的印度（Self-Reliant India）」政策奏效，印度的經濟復甦效率領先其他國家，在二〇二〇年十月～十二月期間轉為正成長，二〇二一年度的GDP大幅改善成為正8.7%，二〇二二年度成長率為7.2%，金額創下歷年以來最高紀錄的160兆642億5千萬盧比。

◎取代中國成為製造大國

疫情暴露出全球供應鏈管理的脆弱，為了降低依賴中國單一國家的風險，印度作為實力足以取代中國的製造大國，開始受到全球矚目。

此時，印度推出的製造業振興政策PLI（生產連結獎勵計畫）大為成功，外資企業在印度增設．新設工廠，使得FDI（外商直接投資）大增，儘管疫情正值高峰，仍在二〇二〇年度創下史上最高投資金額。印度新創企業的投資狀況良好，二〇二一年的總投資額創下歷史新高，來到352億美元。雖然二〇二二年比去年減少了33%，卻依然達到疫情前將近兩倍，來到240億美元。

而且，再加上長期化的俄烏戰爭影響，能源供應、環境問題等世界各國必須共同處理的課題一一浮上檯面，在地緣政治學上，除了俄羅斯和中國以外的亞太地區．美國框架的重要性升高，四方安全對話承諾的經濟安全保障，和能源相關處理也日漸活化。

印度總理莫迪（Narendra Damodardas Modi）試圖保持與俄羅斯的外交關係，同時透過國家綠氫使命計畫、振興半導體設計製造等新政策，加強與其他國家的合作。

Self-Reliant India
自力更生的印度
就是這個口號！
印度的目標是不仰賴進口，而是加強國內的生產。
這個政策也一下子改善了疫情後的GDP。
自力更生的印度
生產連結獎勵計畫（PLI）
PM Gati Shakti（擴大基建計畫）
能源自給
電動車製造
國家綠氫使命計畫
有各式各樣的政策呢。

撰文：繁田奈步

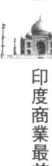

02 世界第一的14億年輕人口

延續到二〇三〇年代中期的人口紅利

根據聯合國資料，二〇二三年四月末的印度人口已超越中國，來到全球最多的14億２５７７萬人。

二〇二二年，是中國自一九六一年來人口首度呈現負成長，而印度則是持續增加。專家預估，人口最有可能在二〇六五年達到高峰。印度的年輕人口也占了大多數，根據二〇二三年三月印度統計暨計劃實施部（MoSPI）公布的報告，勞動人口（該資料定義為十五歲～五十九歲）從二〇一一年的7億３５００萬人，到二〇三六年將會達到9億８８５０萬人，持續直線成長。

印度的「人口紅利期（勞動人工為非勞動人口兩倍以上的期間）」也相當長，預估至少會持續到二〇三〇年代中期。十五歲～五十九歲的比例，會從二〇一一年的60·7%成長到二〇二一年的65·1%，之後將會趨於減少，但預估在二〇三六年會是64·9%，五年內也只是減少０·２%。印度的大城市和部分地區也有少子化傾向，不過仍會維持由年輕世代占據人口多數的結構。

◉面臨創造就業機會的苦戰

另一方面，印度還有創造就業機會的問題。根據世界銀行資料，全球的勞動人口（就業者＋完全失業者）比例平均是60%，但印度只有49%。印度政府也為了振興製造業而創造就業機會、透過職業訓練培育工作技能，並且推出「Startup India」政策來培育創業人才，還有很多開發的餘地。

在此同時，GAFA這些跨國企業也經常高薪聘請印度的社會新鮮人，使印度國內很難雇用到表現優異的畢業生。優秀的人才也不惜為了更好的資歷而轉職跳槽。對於想要善用印度人才的企業來說，關鍵就是如何發掘前途無量的人才、如何培育優秀人才，讓他們願意為公司付出。

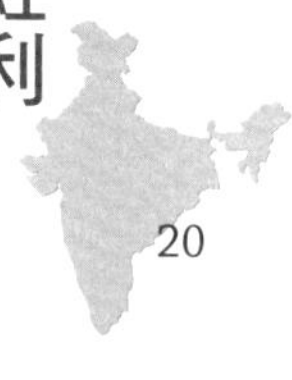

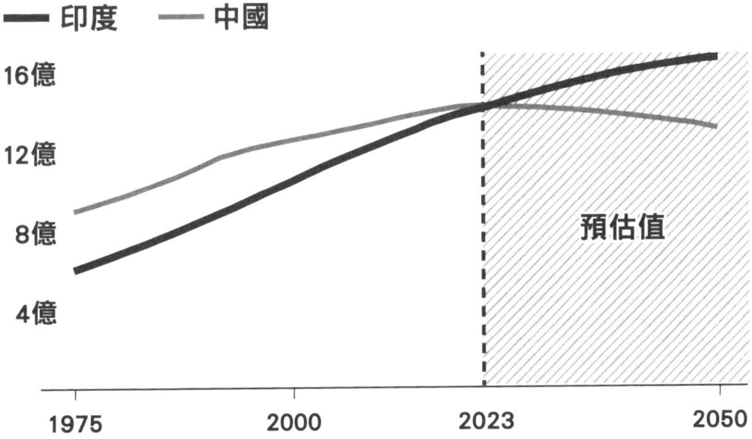

（聯合國世界人口推估 2022年版）

撰文：繁田奈步

03

超級富豪坐擁無與倫比的財富

5％的人口擁有全國60％的資產

印度也有很多億萬富翁。二〇二三年Forbes公布的「World's Billionaires List」當中，全世界的富豪共有2641人，冠軍是美國735人，總資產為4兆5千億美元，第二名是中國（含香港、澳門）562人，總資產相當於2兆美元，第三名就是印度169人，總資產相當於6750億美元。

英國不動產投資顧問公司Knight Frank的「Wealth Report 2023」指出，資產價值超過3千萬美元的超級富豪（UHNWI），二〇二二年在印度有12069人，推估到二〇二七年以前會達到19119人。

◉擴大的貧富差距

瑞士信貸集團指出，印度人有5％的人口擁有全國60％以上的資產，但最底層的50％人口總資產卻只有全國的3％。

印度首富穆克什・安巴尼（Mukesh Ambani），是大型綜合企業財團、信實工業的總經理兼董事長。其事業從石油天然氣能源，涵蓋到零售批發、通訊等多種領域，透過收購品牌和新創公司來拓展事業版圖。他也積極投資可再生能源，曾在二〇二一年宣布三年7500億盧比（1000億美元）的巨額投資計畫。

印度前十大富豪中，包含第二名的阿達尼集團、第四名JSW集團等等，有將近一半都是財團出身。印度與全世界相比，一代致富的億萬富翁比例較少。「Global Rich List 2023（胡潤研究院）」指出，全球一代富豪的比例是70％，相較之下印度只有57％。印度沒有遺產稅，繼承人可以直接繼承全額資產，對他們來說是一大優勢，只要像安巴尼一樣積極投資、收購，就能不斷創造更大的事業、增加資產。

是有錢人！
真是珠光寶氣啊！好閃亮！

印度有5%的人擁有全國60%以上的財富呢。

因為印度不課徵遺產稅，
所以比起白手起家致富，
大多還是財團出身的富豪居多。

印度的十大富豪排行榜

印度排名（全球排名）	姓名	純資產（美元）
第1名(9)	穆克什・安巴尼	1170億5千萬
第2名（17）	高塔姆・阿達尼	840億8千萬
第3名（42）	希夫・納達爾	360億7千萬
第4名（50）	薩維特里・金達爾 & JSW集團	310億5千萬
第5名（71）	迪利普・尚維	250億8千萬
第6名（89）	塞魯斯・普納瓦拉	210億8千萬
第7名（90）	庫夏・帕爾・辛格	210億3千萬
第8名（96）	庫瑪・貝拉	190億6千萬
第9名（103）	拉達基申・達馬尼	170億2千萬
第10名（107）	拉克希米・米塔爾	160億4千萬

（Forbes India, 2024年3月資料）

撰文：繁田奈步

04 逐漸改頭換面的印度市場

受惠於數位化的中產階級

作為國內消費中堅、支持經濟成長的印度中產階級，也愈來愈有影響力。中產階級的定義不盡相同，根據調查公司PRICE在二〇二一年公布的「The Rise of India's Middle Class」，印度的中產階級（家庭年收總額50萬～300萬盧比／87.5萬～525萬日圓（匯率為1盧比＝1.75日圓））人口在二〇〇四～〇五年，從14％成長為兩倍的30％，換算成人口約為4億3200萬人。

中產階級的經濟貢獻率很高，相對於人口比例的30％，收入貢獻率有50％，支出貢獻率為48％，儲蓄貢獻率為56％，撐起了印度經濟的半片天。中產階級的比例今後會繼續增加，預估到二〇四七年會達到60％，總人數超過10億人。

印度的中產階級受惠於數位化的發展，得以積極投入經濟活動。二〇一六年，印度政府廢除舊高額紙鈔，實施統一支付介面（UPI）、推動無現金支付，因此通訊公司Reliance Jio趁勢推出低價月租費，讓印度的網路使用者大幅增加。

疫情期間限制外出，更加速了網路數位化的發展，促進遠距辦公和線上教學，透過網路商店購買日用品和食品、擴大日常生活中購物範圍，以及OTT（Over The Top串流媒體平台的總稱）和YouTube等影音網站的增加。而且，作為交流、資訊收集管道的WhatsApp和社群網站的使用者也愈來愈多，使得消費活動大幅改變。

◎新興品牌陸續問世

尤其是被稱作數位原住民的Z世代，可以透過網路接觸跨國資訊，也更加關注環境保護和氣候變遷的影響，偏好不破壞環境的產品並追求天然、無添加。以這些年輕人為目標客群的新興品牌也推出商對客的銷售模式，直接傳送訊息或透過社群網站等管道發布消息，以招攬新的顧客。

這幾年來已經是電子商務當道了。
商品都陸續派送出去了呢。
印度的中產階級消費行為好熱烈。
社群網站也很流行的樣子。
尤其是年輕世代受到社群網站的影響，
對天然產品的追求更高了。
這樣啊~我也來買看看。
無添加
自然
天然
啊，這個商品好像不錯。
按下去…
咦
已經缺貨了。
這個也是！
中產階級的人們愈來愈多，
購買的意願也很強呢。

撰文：繁田奈步

05

新興資訊科技大國・印度

從全球BPO蛻變成開發中心

印度振興資訊科技的歷史很長，在獨立建國後就以「頭腦立國」為目標，致力於發展資訊科技，在一九九〇年代以後因解決全球性的「千禧蟲危機」而受到矚目，奠定了BPO（業務流程委外）的地位。二〇一九年度全球服務採購市場有55％屬於印度，出口規模為1910億美元，預估到二〇二五年將會成長至3500億美元。

自二〇一四年莫迪執政以後，印度政府強力推動數位化政策，以「數位印度」為軸心，導入身分證字號制度Aadhaar、推廣總稱為UPI的電子支付、啟動由「國家數位健康計畫」執行的醫療數據・醫療機構數位化，以及「國家政府服務入口網站」的政府數位化服務。

◎世界的創新中心

目前全世界對人工智慧、區塊鏈、IoT等尖端技術的需求愈來愈高，印度的軟體技術和開發的潛力也成為矚目焦點。國際企業將印度視為全球的創新中心，紛紛設立研發中心，活用尖端技術的研究開發也陸續進行中。Google從二〇一九年開始就在印度的研究中心，與印度的研究團隊合作實施了語言、農業、健康照護領域的電腦科學與AI研究，微軟也在二〇二〇年於印度設立了第三所研發中心。

日本企業松下電器也與TCS合作設立了創新中心（二〇一七年），馬魯蒂鈴木公司在印度理工學院海德拉巴分校設立了「鈴木創新中心」（二〇二二年），強化與印度科技業・學術機構的合作。新聞報導也提到有多家美國企業正考慮往印度設立創新中心，這股趨勢將銳不可擋。

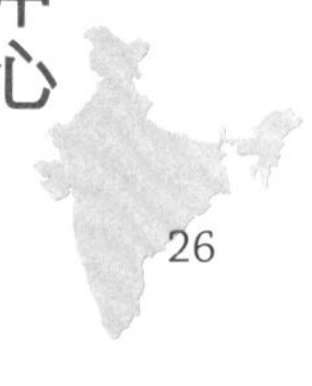

原來是手機店啊。
好像要出示什麼證件欸！
那就是Aadhaar。
是證明身分的卡片。
就是印度版的身分證啦！
臉部照片
要註冊全部的指紋。
註冊虹膜。
還有生物辨識的功能。
真厲害。
要是沒有這張卡片…
感覺會很不方便呢。
沒辦法在銀行交易。
無法搭火車。
現在到處都需要身分證呢。
BANK
NO!
還不能申請房貸…

撰文：繁田奈步

06 印度商業的成功關鍵

考慮進駐印度市場或是在印度開創事業時，往往只會注意到人口眾多、國土遼闊這些大型市場的優勢，但是，了解印度是個擁有多種語言和文化、有各種階級的多層次國家也很重要。

印度是個巨大的市場，所以消費者對於產品・服務的理解和市場滲透通常也很耗時。即便是選擇合作夥伴，以代理商為例，印度每個地區占有優勢的業者都不同，因此要找到優良的對象也需要時間和勞力。比起追求短期成功，在印度最好還是要將眼光放遠。

◎依據多元性的策略

依據印度的多元性，評估一開始要進駐的目標和城市，這種階段性的探討也很重要。不要一口氣就擴大範圍，僅限於特定的地區或城市、確定成功以後再拓展到其他地區的成功案例也不少。

不過，因為印度擁有多元文化・背景，同樣的模式可能不適用於其他地區・階級。必須要考慮到這一

長遠的眼光與臨機應變的方向修正

點，再加入長遠的眼光，臨機應變修正方向。若要以中長期的觀點設立目標、踏實前進，最有效的做法是配合狀況，經常為推進的事業做出臨時判斷、評估方向，但每次遇到問題就停下來修正，效率會很差，所以採取「邊跑邊修正」的思維也是一個方法。

◎建議及早進駐

印度在全球供應鏈的重要度與日俱增，吸引許多外商企業的關注和進駐。但是，印度作為一個新興市場，還有很多開拓的餘地，有不少先馳得點的機會。最好還是能夠及早進駐，才能在競爭變得激烈以前鞏固基礎。

撤出。
企業
撤出。
印度
企業
企業
許多企業都紛紛撤出印度了呢。
畢竟一般的作法在印度的商業市場上是行不通的啊。
唉~
每個地區都有強烈的地區特色，所以很難鎖定目標。
多元文化
各式各樣的語言
A
B
C
印度真的是非常的多樣化啊，
跟日本完全不同。
多種宗教
● 印度教
● 伊斯蘭教、耆那教
● 錫克教……等等
同一件商品的銷售方法也差很多。
A地方
階級不同時
我要。
我不要。
B地方
我要。
階級不同時
我不要。
要因應這個問題就需要經常修正方向。
要做好花很多時間才會成功的心理準備才行呢。
企業們要加油喔~
還有很長的一段路。

撰文：繁田奈步

07 正逢良機的三大商業

新能源、電子商務、資訊科技

印度有很多潛力無限的業界和領域，這裡就舉出今後將大有可為的領域。

⊙可再生新能源

第二十六屆聯合國氣候變遷大會，宣布在二〇七〇年以前要達到淨零排放，將可再生能源發電提高到50%，立下了非常高的目標。印度政府則是期望棄用化石燃料、提高能源自給率，對應今後會繼續增加的能源需求，同時努力減少溫室效應氣體的排放，比先進國家追求更高難度的供需平衡，逐漸以轉換成太陽能發電為主，不過，政府對於廢棄物發電和小型水力發電等其他技術的研發，投注的程度也愈來愈高。在「國家氫能計畫」中，印度作為綠氫的製造中心，為了成為全球的能源供應國，而正在與包含日本在內的各個國家進行具體的研究。

⊙電子商務

電子商務的普及，讓消費者在網路上購買各種商品的行為已成為常態。資訊收集也轉移到網路上進行，社群網站和Google搜尋都建置出方便認識新商品・服務的平台。新品牌的商對客經營模式之所以會增加，也是因為品牌哲學和理念獲得消費者認同，才能建構出全新品牌也能吸引顧客購買的管道。健康相關的商品、寵物文化也隨之出現，以往在印度不太普及的商品，如今發展的可能性也更高了。

⊙資訊科技・通訊

技術，尤其是以軟體為基礎的人工智慧等尖端技術，不僅限於科技業界，也有望活用於各種領域。例如汽車的車載資訊系統、醫療專用的遠距裝置等等，也都是這些技術的應用。印度在二〇二二年八月已完成5G頻譜拍賣，此後皆以大型通訊公司為主，在各種領域進行活用5G的驗證測試。

哇～這些廢排放量太驚人了。
因為汽車在印度普及的速度很快，空氣污染才會那麼嚴重。
印度政府都不想辦法處理嗎？
印度政府為了解決環境問題，還有為了成為能源自給國，有投入各種事業喔。
天然氣
太陽能發電
風力發電
綠氫
生質能源
原來是在努力發展再生能源呢。
有很多課題的領域，就是各種商機喔。
IT・通訊
電子商務
可再生・新能源
哇！好多企業都來搶奪先機了。
躂躂躂
機會

撰文：繁田奈步

國家預算與紅帳本

關口真理

印度的會計年度是從四月到隔年三月，國家預算會在每年二月公布。

在這一天會舉辦全國性的典禮，由財政部長透過媒體向全國人民公告年度預算。財政部長是繼總理之後的重要職務，不過歷屆財政部長都跟印度大多數政治家一樣，會按慣例穿著手工做的庫塔（Kurta）、立領的尼赫魯夾克、有很多皺折的腰布這類表示出身地的民族服飾（以財政部長身分引導新經濟政策、後來成為總理的曼莫漢．辛格是錫克教徒，所以他還會纏頭巾），帶著方方正正的薄公事包。

公事包裡放的是預算文件，每年在電視上出現這一幕，美國老片裡上班族才會拎的公事包搭配印度服裝的不協調感，都能讓民眾感受到一股預算公布日特有的氣氛。

二〇二〇年，是印度首位女性財政部長尼爾瑪拉．西塔拉曼（Nirmala Sitharaman）上任後首度在預算典禮登台。她表現出女性政治家風範，穿著故鄉編織的紅色紗麗，卻不是拎著公事包，而是抱著一個紅色布包，吸引了眾人目光。這是為了搭配紗麗嗎？這個布包又是什麼？

當然，在媒體和國民的注目下，它的真面目很快就揭曉了。這個裝了預算文件的布包，在印地語的原意是指商家的帳本，是用來廢除公事包、作為帳本包的傳統樣式布包。帳本的慣例都是紅色封面，所以這個布包也是紅色，部長的紗麗也配合選了紅色。

二〇二一年，連紙本的預算文件也廢除了，預算檔案儲存在平板電腦裡。穿著紅色紗麗的尼爾瑪拉部長，則是抱著變成平板電腦收納包的小型紅色布包出現在典禮上。

第2章

認識印度第一階段

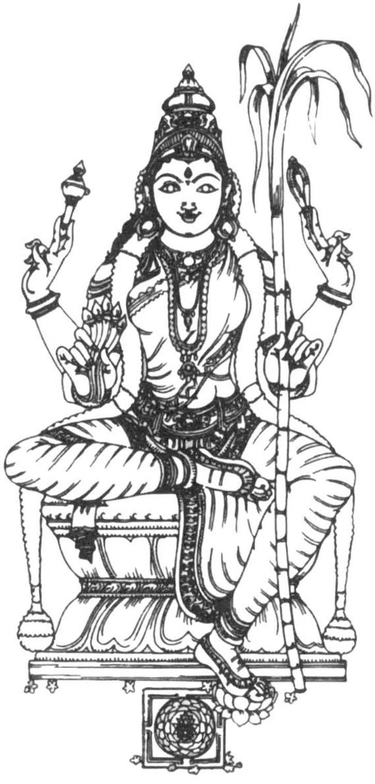

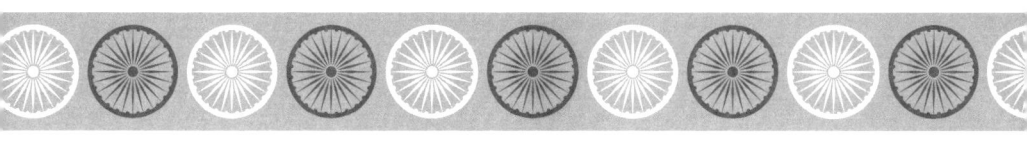

01 歷史悠久的印度

從中亞遷徙到印度西北部的雅利安人，大約在三千年前定居在恆河流域的平原地帶，形成城邦國家，約兩千三百年前，孔雀王朝成功統一了廣大的領土。第三代君主阿育王時期，在日本也以佛教護法廣為人知。

印度的古代王國持續繁榮發展，直到西元後成立的笈多王朝時代，印度教成為主流。

西元六〇〇年代，統一王國式微，但古代文明傳播到各地，促進了各個地區的發展，以及由梵語衍生出來的各種語言。

◎包容伊斯蘭教

到了中世十一世紀，伊斯蘭勢力從中亞南下，一二〇六年於北印度建立了以接近邊境的德里為首都的伊斯蘭政權奴隸王朝。往後大約三百年，多個源自中亞的伊斯蘭政權在德里興起又衰亡，但他們與印度的在地勢力（大多是印度教徒）合作無間，得以在印度鞏固地盤。王權保護伊斯蘭教的傳教活動，但鮮少推出政策強制人民改宗。

當時在印度盛行的神祕主義思想，使得印度教和伊斯蘭教在平民之間融合，伊斯蘭教受到印度的包容，同時也逐漸轉變成印度獨特的風貌。

◎王朝滅亡

一五二六年，蒙兀兒皇家從中亞南下擊敗洛迪王朝，成為德里的新霸主，第三代皇帝阿克巴在一五六〇年代掌握實權後，帝國勢力大幅擴張，自古代王國以來首度成功統一全印度，成為名符其實的蒙兀兒帝國。帝國的全盛時期延續到第六代，從一七〇〇年代以後便急速衰退，退回成德里的地方政權。

第十五代皇帝因為加入印度民族起義，遭到英國廢黜，王朝於一八五八年滅亡。

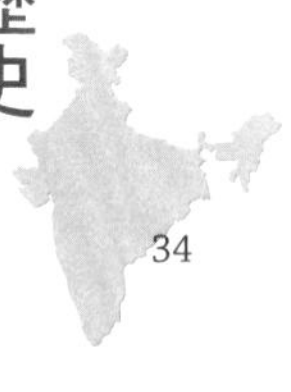

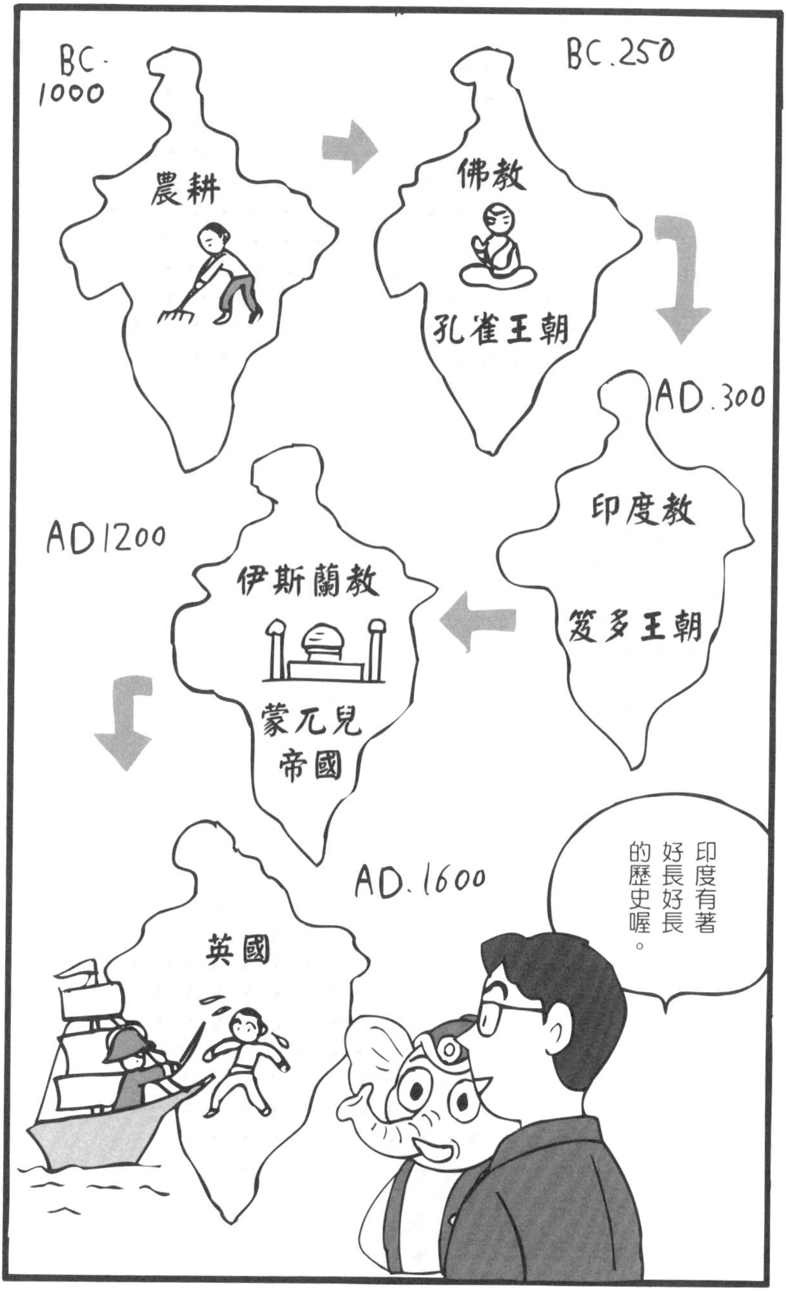
BC.1000
農耕
BC.250
佛教
孔雀王朝
AD.300
印度教
笈多王朝
AD1200
伊斯蘭教
蒙兀兒帝國
AD.1600
英國
印度有著好長好長的歷史喔。

撰文：關口真理

02 獨立以前的坎坷路

古代南印度從西元前後就有朱羅王朝、潘地亞王朝繁榮發展。在中世時期，內陸的德干高原有強大的伊斯蘭政權興亡。另一方面，南印度的海港成為與外地往來的據點，因世界各地的商人匯集而繁盛。十四世紀以後，毗奢耶那伽羅王朝的勢力強盛到足以影響環印度洋的廣大地區。

◎各國進駐印度

在一四九八年，葡萄牙的探險家瓦斯科・達伽馬（Vasco da Gama）為了貿易來到科澤科德。葡萄牙在一五一〇年占領果亞，殖民到一九六一年。

英國、法國晚了一百年後才前往印度貿易，但是進入十八世紀後，英國（東印度公司）趁著蒙兀兒帝國衰退與地方權力動盪，開始試圖奪占領土。東印度公司用領地徵收的租稅來維持通商利益，從貿易公司逐漸變成印度的領主，在一八五〇年代坐擁了幾乎整個印度次大陸。

◎起義與獨立

但是，強占領土和嚴苛的賦稅，引發了一八五七年的印度民族起義（西帕依起義），東印度公司花了兩年的時間才鎮壓。

英國因此改變印度政策，從一八七七年改由英國政府直轄，建立了由英國君主就任印度皇帝的獨特殖民地「印度帝國」，引進西歐的近代政治・法律制度，使得熟悉英語和西歐知識、協助英國政府的新印度人菁英崛起。他們在印度協助維護守序穩定的殖民政權，因而受到重用，但是漸漸地，他們也察覺了其中的矛盾，到了二十世紀後開始出現鼓吹印度人自治、反英獨立的聲浪。

莫罕達斯・甘地和賈瓦哈拉爾・尼赫魯率領的獨立運動，無法解決在英國的分治政策（P48）下外顯的印度教與伊斯蘭教衝突，於是在一九四七年八月，印度與巴基斯坦各自獨立。

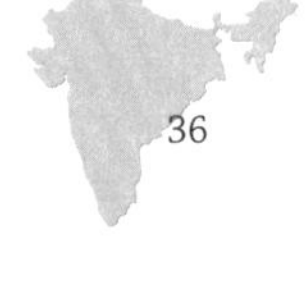

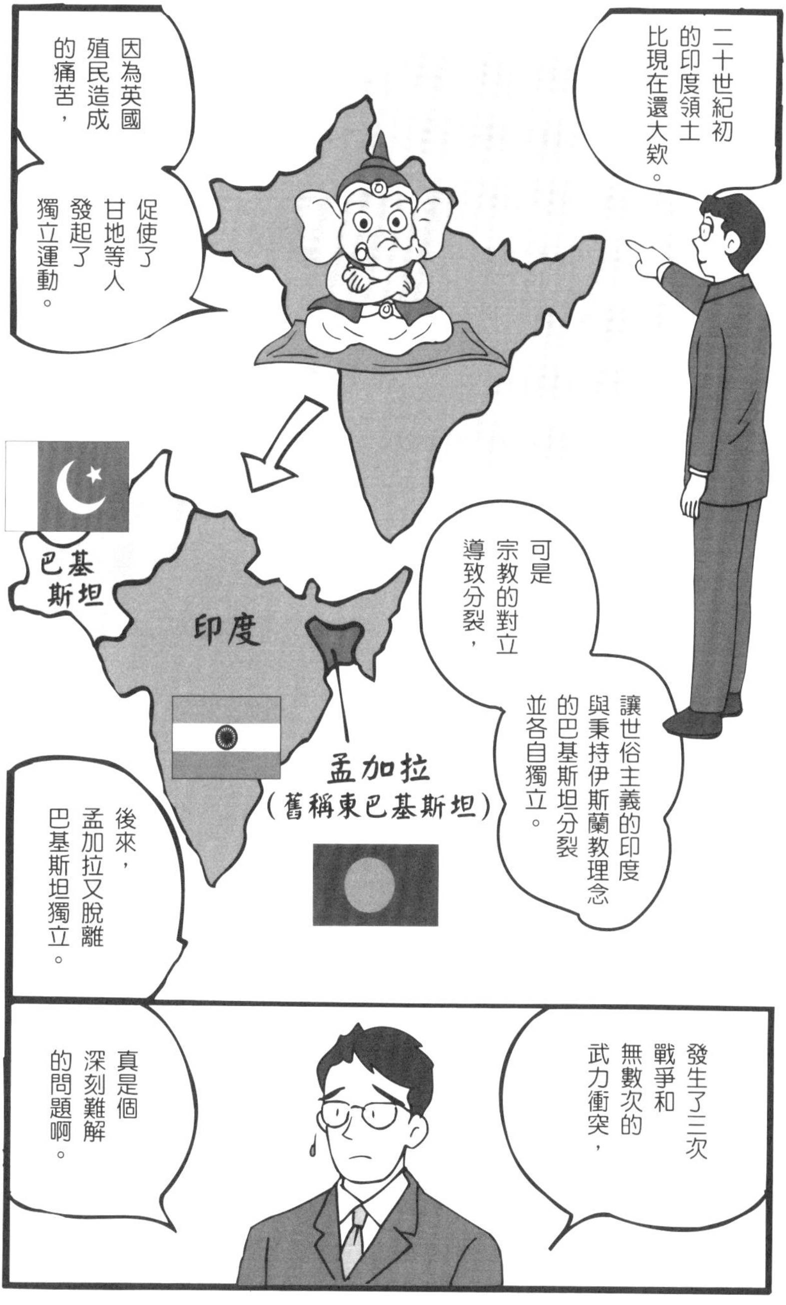
二十世紀初的印度領土比現在還大欸。
因為英國殖民造成的痛苦，
促使了甘地等人發起了獨立運動。
巴基斯坦
印度
孟加拉
（舊稱東巴基斯坦）
可是宗教的對立導致分裂，
讓世俗主義的印度與秉持伊斯蘭教理念的巴基斯坦分裂並各自獨立。
後來，孟加拉又脫離巴基斯坦獨立。
發生了三次戰爭和無數次的武力衝突，
真是個深刻難解的問題啊。

撰文：關口真理

03

人口普查（國勢調查）

十年一度的大工程

印度並沒有印度語，也沒有印度民族。印度是一個國家，但領土大到足以容納大部分歐洲人，所以有多種民族、語言、階級也是很正常的事。英國為了穩健有效率地統治結構如此複雜的印度殖民地，便澈底調查分析了當地的社會狀況。

◎十年一度的人口普查

一八七二年開始在印度實施的人口普查（國勢調查），後來每十年都會實施一次，累積了許多了解印度的珍貴資料。總人口，各個地區、性別、年齡的人口，還有各種教育、經濟狀況、語言（民族）和宗教人口，都是能表現出印度特色的調查項目。在殖民時期也調查過種姓人口，但獨立後為了避免助長歧視而停止實施。不過，為了掌握保護行動（保護社會弱勢權益的政策）的對象，還是會調查被歧視種性人口數量。

印度的國勢調查比日本更廣泛，這些都是掌握社會狀況、維護秩序、實施政策必備的調查項目，所以人民也會主動協助。

一名印度人的調查規格包含了年齡、性別、出生地、居住地、家庭結構、經濟狀況、教育程度、母語（民族＝祖先或家族的起源）、宗教等等。這些資料總共有14億份……可見要描述「典型的印度人形象」是不可能的任務。

◎引進調查程式

這項調查需要個別走訪所有印度人（家庭），是個浩大的工程，不過英國官員和印度人對數字和統計的處理都十分嚴格，所以印度人口普查的可信度很高。每次都會修正、更新調查和分析方法。從最新的二〇二一年版開始，引進了國家人口普查局開發的調查程式。由於調查對象人數龐大，往年光是要確認數據就要耗費數年，不過二〇二一年的人口普查受到疫情衝擊，目前尚未公布詳細的數據。

有個人在挨家挨戶的調查，
是在做什麼啊？
人口普查啦！
咦？
就是國勢調查。
哦～
印度有著各式各樣、不同群體的人，
我還以為沒辦法調查呢。
家庭結構
年齡
教育程度
性別
出身地
母語
經濟狀況
居住地
宗教
印地語 40%
其他 60%
印度教
伊斯蘭教
基督教
錫克教
佛教
耆那教
畢竟有14億人嘛。
聽說政府還開發了人口普查專用的程式。
我要來填寫了。
二〇二一年開始採用，但還是沒辦法馬上就得出結果呢。

撰文：關口真理

04 地區與生活①南北的獨立性

三面環海的南部，歷史主舞台的北部

印度南部三面有印度洋、阿拉伯海、孟加拉灣環繞，是全世界最大的半島，所以又稱作印度次大陸。大陸的北側橫跨著喜馬拉雅山，加上西側的興都庫什山脈、東側的若開山，連綿的山脈就像要蓋住印度一樣。能跨越這些天險的地點（山道）寥寥可數，將印度與中亞、西藏、中南半島區隔開來。印度北部是發源自喜馬拉雅山的河川沖積而成的廣大恆河平原、旁遮普平原，以及地球上為數不多的河口三角洲孟加拉地區，這裡自古代文明以來始終作為歷史的主要舞台、穀倉地帶、文化中心地繁榮發展。

恆河平原南邊有東西橫貫的溫迪亞山脈，雖然地勢並不崎嶇，但印度南北自古以來皆以此為屏障、孕育出各自的獨特性。

◎縱貫半島的高止山脈

南部的半島部分V字兩邊各有東西高止山脈縱貫，海岸沿線都是與海相接的陡峭地形，鮮少有廣大的平原。半島內陸是呈台地的德干高原。恆河河口的孟加拉地區東側，是位於國家孟加拉與不丹之間的狹長陸地走廊，一路延續到布拉馬普特拉河沖積形成的阿薩姆平原，及其周邊形狀複雜的丘陵地帶。

◎帶來雨水的季風

六～九月從印度洋吹來的潮濕季風，受到高止山脈阻擋而沿著海岸吹拂，為喜馬拉雅南側和孟加拉灣沿岸帶來大量雨水，造成河川氾濫、農田淹水，但也流入了肥沃的土壤，帶來豐收。

季風雨量偏少的旁遮普和德干高原屬於乾燥氣候，所以直到近代以前，都被人認為是不適合農耕的土地。

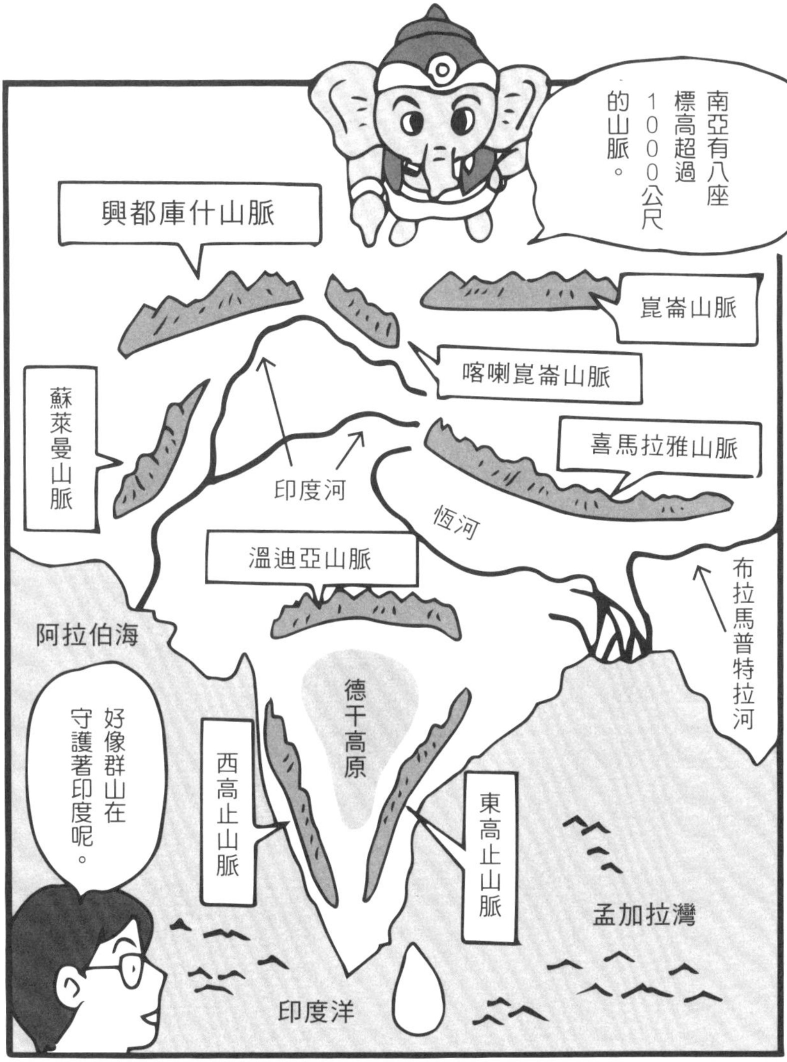
南亞有八座標高超過1000公尺的山脈。
興都庫什山脈
崑崙山脈
喀喇崑崙山脈
蘇萊曼山脈
喜馬拉雅山脈
印度河
恆河
溫迪亞山脈
布拉馬普特拉河
阿拉伯海
德干高原
好像群山在守護著印度呢。
西高止山脈
東高止山脈
孟加拉灣
印度洋

印度國歌裡也會歌頌這片大自然和多元的民族。
萬民心靈的主宰者～
這個旋律會讓人想跟著哼呢。

撰文：關口真理

05 地區與生活②多元特色

環境孕育出多采多姿的文化

印度因為歷史、社會、語言的差異，經常會將南北分開來看，但印度實際的地區性更加多樣化。

位於北印度中心的是恆河平原。這裡受惠於水源而孕育出古文明，有很多中型城市。位於恆河河口三角洲的孟加拉地區，又稱作「黃金孟加拉」，農業和傳統工業十分發達。東孟加拉在一九四七年成為東巴基斯坦，與印度分裂，一九七一年成為獨立國家孟加拉。印度西北部是印度河上游的平原，名為旁遮普地區。這裡在雨季的降雨量較少，不過近代以後因灌溉水利技術發達，如今已蛻變成一大穀倉地帶。擁有廣大農地的農民勢力非常大，經常撼動國家政治。印度最北邊的喀什米爾地區是印度和巴基斯坦的主權爭議區，有嚴重的地區紛爭，不過這裡也是通往中亞的結節，比想像中的更靠近印度。

◎不適合農耕的土地發展

南印度、半島部分的內陸整體，都是台地地形的德干高原，遍布缺乏水源的乾燥岩山，長年以來都不適合農耕。但幸好高原的氣候穩定，近年作為以資訊科技業為首的尖端產業、服務產業的集散地和教育中心，有顯著的發展。德干也是印度數一數二的酷熱地帶，因此長久以來都是開發落後的地區，近年來則是大力推動太陽能和風力等大規模天然能源事業。

南印度缺乏廣大的平地，不過在保留了歷史風貌的城鎮裡，依然散發出南印度特有的社會文化氣息。這裡有很多自古就是貿易和漁業據點的繁榮海港，也是通往阿拉伯半島、非洲等地的全球玄關口。

在印度東邊向外延伸出去的東北部，除了阿薩姆平原以外，丘陵地帶是有少數民族居住、政治情勢複雜的邊境地區，加上靠近中國、緬甸、孟加拉，國界劃分問題經常懸而未決，不過這裡目前因為內陸路線的國際經濟圈構想，而愈來愈受到矚目。

這裡的物產好豐富！
這裡被稱作為黃金孟加拉。
咦？這裡非常現代化。
這是邦加羅爾。
又稱作印度的矽谷喔。
東北的那加人。
阿薩姆的茶園。
德干高原的棉花田，
跟日本的服飾產業也有密切關聯。
德里
加爾各答
阿薩姆
孟買
德干高原
邦加羅爾
清奈
印度有句諺語是這樣說的「每十五英里就會換方言。
每二十五英里咖哩就會不一樣。每一百英里就會換語言。」
南印度有印度教的寺院。
真是個多元化的國家呢。

撰文：關口真理

06 地區與生活③重要城市

七度首都、資訊科技產業的核心、世界遺產

歐洲人為了印度特產和財富而搭船來到印度，先是以海港和河港為據點。英國在南印度的據點清奈（馬德拉斯）、作為印度海洋的玄關口發展成商業城市的孟買、長年都是英屬印度的首都加爾各答，是被稱作殖民地三管區的重要城市，如今依然繁榮發展，與首都德里並列為印度重要大城。

◎「七度首都」德里

德里在古代只被視為一片恆河平原的邊境地帶，但是在中世時期，從中亞南進的伊斯蘭勢力認為這裡是亞穆納河和丘陵環繞的重要據點，便在此建國。而他們的判斷十分精準，後來德里經常成為印度掌權者的首都，別名為「七度首都」，始終保有印度第一大城的地位。

◎印度的IT據點

印度的資訊科技產業核心邦加羅爾（本加盧魯），是直到近年才發展成為今日所見的現代大城市。它所座落的德干高原相當荒涼，在以農業為主的前現代一直都是發展落後的地區。但這裡的氣候相對穩定，加上廣大的土地「閒置不用」，所以才有可能成為資訊科技業的集散地。

德干高原的另一個資訊科技據點海德拉巴，是曾有印度最富有的土邦盛極一時的古都。作為產業據點的新都心不同於舊城區，是建設在德干高原布滿岩石的原野上。

◎高速鐵路與世界遺產

目前正在興建日本式高速鐵路（MAHSR）的亞美達巴德（艾哈邁達巴德），是印度總理納倫德拉・莫迪擔任古加拉特邦首席部長時，為投入國政而就近開發的城市。這座已故日本前首相安倍拜訪過、在中世曾建立了伊斯蘭王權的舊城區，是依照鎮民的職業、宗教等職務和生活方式，規劃成與京都相似的街道，在二〇一七年成為世界遺產。

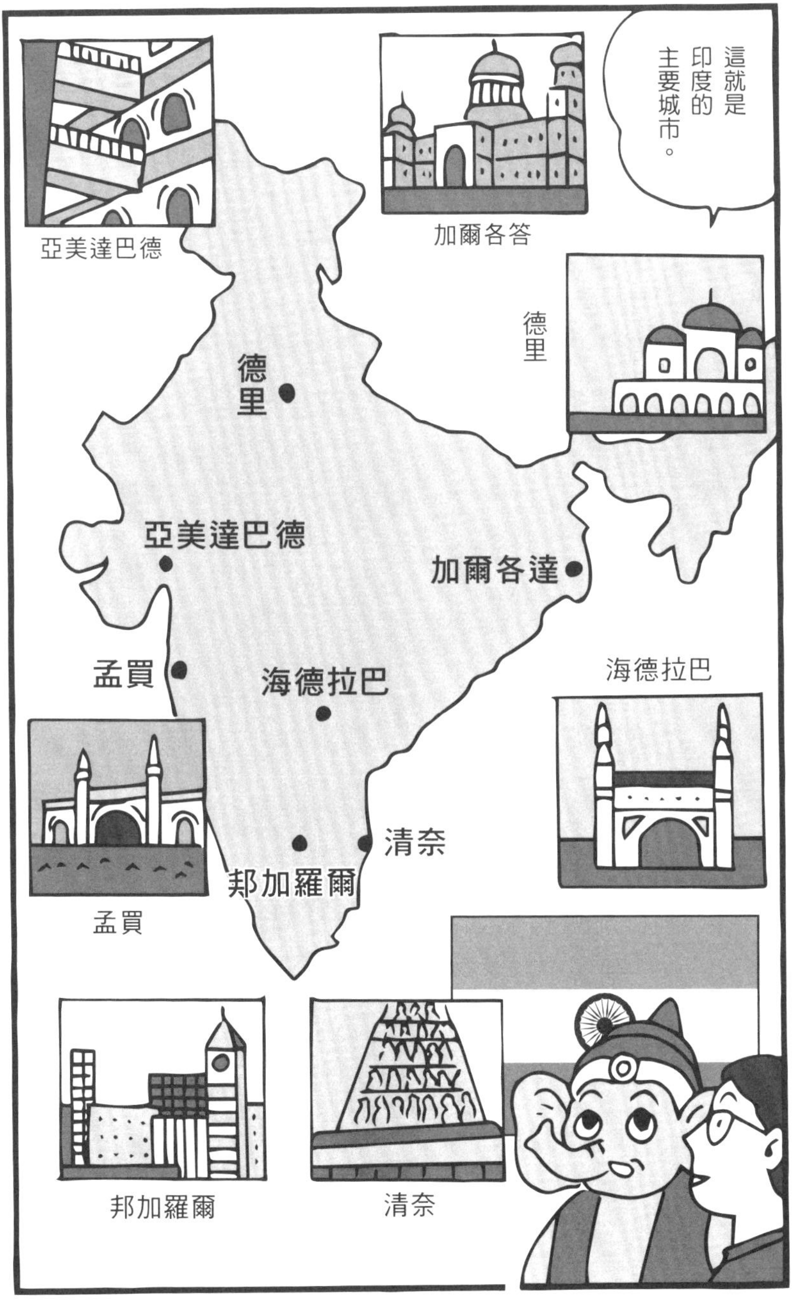
這就是印度的主要城市。
亞美達巴德
加爾各答
德里
德里
亞美達巴德
加爾各達
孟買
海德拉巴
海德拉巴
清奈
邦加羅爾
孟買
邦加羅爾
清奈

撰文：關口真理

07 宗教①印度教是什麼

頌讚人類諸神的信仰

古代從西方移居到印度的雅利安人，將大自然神格化，崇拜能夠通靈眾神的僧侶（婆羅門）所擁有的超常性，於是信奉婆羅門教。

婆羅門教傳播到印度各地，同時融合了當地信仰，塑造出以梵天（創造）、毗濕奴（守護）、濕婆（毀滅）這三大主神為頂點，有眾多神祇居住的浩瀚宇宙。人類和地上世界都是構成這個宇宙的要素。這就是印度教。

「印度教（Hinduism）」只是外在的稱呼，在印度的語言中是稱作「達摩（dharma，法）」。

◎印度教徒，印度出生

印度教沒有特定的始祖也沒有根本經典，印度及周圍的文明圈共享的價值觀、世界觀、社會秩序的總體，就稱作印度教。種姓（瓦爾那）的身分階級制度，也說明了人在印度教世界裡被賦予的職務。

出生在印度就等於是印度教徒（異教徒在印度教世界裡定位成異教徒種姓），外來者不得入信、改宗印度教。自稱是印度教徒的外國人，都是屬於印度教類新興宗派的信徒。

婆羅門教也在各個時代，受到順應當時社會風氣的思想家和開祖影響，在哲學．教義上演變成其他宗教。佛教和耆那教就是這樣誕生的。

◎輪迴與宿命

印度教認為世界會不斷創造和毀滅，永無止盡。靈魂不滅，會不停輪迴轉世到新的肉身。不管是生為昆蟲還是人類，在作為神的宇宙要素誕生的那一瞬間，就已經決定了宿命（命運）。為了讓宇宙正常運轉，我們必須依循各自的宿命而活。印度教的儀式和祭祀，就是頌讚執掌超常世界的諸神，祈求能順利地活過現世，並為來世做準備。

毗濕奴
濕婆
毗濕奴和濕婆是印度教裡最受歡迎的神。
話說回來象頭神，
你是濕婆和雪山神女的兒子對吧？
對啊。只是被換成了象頭。
我也是很受歡迎的財神喔！
印度教的神話故事好精采！

撰文：關口真理

08 宗教②南亞的伊斯蘭教與基督教

2億人的少數派與最古老的外來宗教

印度的穆斯林占了總人口約14%，雖然遠比印度教徒的80%要少很多，但實際數字也有2億人。以各國的穆斯林人數來看，印度算是伊斯蘭教大國，而且再加上鄰國的巴基斯坦和孟加拉，穆斯林將近有6億人。南亞匯集了全球最多的穆斯林人口。

◎與印度文化融合的伊斯蘭教

伊斯蘭教在十～十一世紀經過中亞、阿拉伯海傳入印度，但印度並沒有強迫穆斯林改宗，而是逐漸包容。伊斯蘭教與印度的既有宗教和傳統文化融合，擁有了在地特色和異端要素，鮮少列入伊斯蘭主流的討論之中。不過，蒙兀兒帝國等伊斯蘭政權長年統治印度，在政治、社會制度、尖端技術方面都對印度的歷史和社會貢獻深遠。

但是到了英國統治時期，英國人為了避免印度人在獨立運動中團結，便實施了分治，以便煽動穆斯林和印度教徒對立，最終導致印度與巴基斯坦分裂（一九七一年，後續又有孟加拉分裂獨立）。

◎在歐美活躍的印度人基督徒

基督教在印度擁有第三大宗教人口（2.3%）。相傳耶穌十二門徒的多馬曾親自到印度傳教，所以印度以擁有「全世界最古老的基督教」為傲。

有如此古老的教化為基礎，在十六世紀後有天主教，近代則有新教傳播到印度。但鮮為人知的是，宗主國英國的信仰不同於沙勿略（San Francisco Xavier）時代的天主教，為了避免在當地引起不必要的紛爭，其實反對印度的傳教活動。

在英國統治下，教會設立的西歐式學校致力於將近代教育推廣給印度人。印度人在整體上都有深厚的信仰精神，也有很多虔誠的基督徒，很多印度人祭司和牧師都會前往缺乏神職人員的歐美國家，或許最後還會出現印度人的羅馬教宗。

是印度的穆斯林啊。
印度有14%的人口是穆斯林喔。
14%將近是2億人了！
一點也不少啊！
孟加拉（舊稱東巴基斯坦）的主流就是伊斯蘭教。
巴基斯坦
孟加拉
印度
巴基斯坦（舊稱西巴基斯坦）也是伊斯蘭教國。
鄰國都主要信奉伊斯蘭教為主呢。
基督教徒則有2.3%。
果亞的基督教會裡還安葬了沙勿略的遺骸。
原來也有基督徒啊。
果亞的教會也是世界遺產喔。

撰文：關口真理

09 宗教團體與商業

宗教少數派互助合作

從英國殖民時期，就會調查印度的宗教情況和人口。印度的宗教不是只停留在個人信仰，也會衍生出婚姻、家族、繼承等社會標準和生活模式的差異。甚至還依宗教制訂不同的民法，可見宗教是國家統治和社會營運必須考量的重大要素。

在印度必須要有宗教信仰，這意味著會遵守超越人類智慧的存在所定下的秩序和道德。不屬於任何宗教並不只是代表「沒有信仰」，還會被視為不受道德和規範約束的危險人物。所以最好不要輕易自稱「沒有宗教信仰」。

◎耆那教、錫克教、祆教

印度的少數派宗教，都有特有的影響力和作用。大約兩千五百年前，佛教和耆那教就是因為婆羅門教的思想改革而誕生。佛教曾在印度盛極一時，後來逐漸式微，以藏傳佛教和現代出現的新佛教形式留在印度。耆那教因嚴格禁欲和力行相互扶持而受到崇敬。

錫克教信奉的神，是由印度教和伊斯蘭教融和而成的觀念上的神，因抵抗蒙兀兒帝國的打壓而培養出尚武精神，很多教徒在殖民時期以軍人或警官的身分前往海外。教義規定男性要纏的頭巾，在海外衍生成「典型的印度人」形象。

祆教（拜火教、帕西人）在波斯轉向伊斯蘭教後，流亡到印度落腳，承諾會服從各個時代的執政者，以換取信仰的包容。

◎涉及商業領域的少數派

印度的宗教少數派當中，有很多組織團體參與商業、金融等各種商業領域的例子。因為教義和戒律的限制，這些信徒無法以其他職業為生，或是出於不受地區限制、能靈活因應情勢變化等因素，為了能在同胞的小社會中彼此就近互助、守護信仰，而做出了這個選擇，他們足以克服嚴苛狀況的自律和勤勉精神，才促使他們經商成功。

日本人普遍對印度人的印象都是這樣吧。
但是在印度纏頭巾的人並沒有那麼多呢。
纏頭巾的大多都是錫克教徒。
他們以前積極在海外發展，所以才會給外國人這種印象。
他們只占了人口的2%，卻成了印度人的代表形象呢。
看頭巾來分辨錫克教徒
錫克教徒的主流作法是不理髮、直接纏頭巾
錫克教徒
其他
商界名人當中也有很多少數派宗教的信徒。
高塔姆·阿達尼
耆那教徒
錫克教徒 阿賈伊·班加
印度教徒和穆斯林有94%，這樣看來真的是少數派呢。

撰文：關口真理

10 沒有「印度語」的印度語言

地區語言和語言政策

常有人問筆者我「你會說印度語嗎？」我的回答都是「不會」。因為印度並沒有「印度語」。

英國將原本是各個不同國家和地區的土地，統一成為「殖民地印度」。後來獨立的印度雖然是一個國家，但各個民族和地區都傳承了多種不同的語言。

印度作為獨立國家，也曾經考慮過要採用全體國民都通用的語言（國語）。地區語言中最有優勢的印地語原本是首選，但卻引發其他使用人口和語言文化也很強勢的語言使用者強烈反彈，最終未果。

◎官方語言和22種第八附則語言

一九五〇年頒布的印度憲法當中，用天城文標示的聯邦國家官方語言（非國語）是印地語。當初原本是將英語視為「用來輔助多種語言的溝通，將逐漸廢除」，但後來英語還是升格成為正式的官方語言。

地區的強勢語言則是以「第八附則語言（憲法補充條文規定）」，作為各邦的官方語言，這些語言在地方政治、教育的通用語言、地區的日常語言上，和印地語並列為公認的「印度語言」。原本考慮到政治、歷史、文化方面而承認的14種語言，如今已增加為22種，往後可能會再繼續增加。

現在印度的地區劃分是以憲法的地區語言為基準，以語言的分界來劃定各邦的邊界。

◎鼓勵說印地語和強勢地區語言

莫迪政府在政治、文化各方面，都鼓勵民眾使用印地語。自獨立以來始終懸而未解的語言統一議題，反映出了印度教民族主義。另一方面，各地區語言的人口也大幅增加。各地的地區語言影響力反而有增無減，每次政府推出鼓勵印地語的新政策，都一定會在國內的非印地語地區引發不少的輿論批評和混亂。

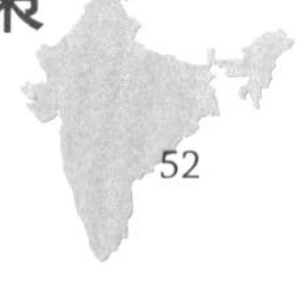

印地語

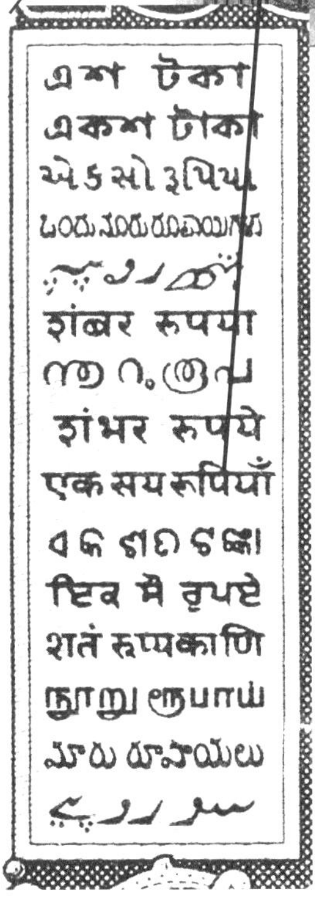

①+② 阿薩姆語．曼尼普爾語
③ 孟加拉語
④ 古加拉特語
⑤ 康納達語
⑥ 喀什米爾語
⑦ 孔卡尼語
⑧ 馬拉雅拉姆語
⑨ 馬拉提語
⑩ 尼泊爾語
⑪ 奧地亞語
⑫ 旁遮普語
⑬ 梵語
⑭ 坦米爾語
⑮ 泰盧固語
⑯+⑰ 烏爾都語．信德語

撰文：關口真理

11 多元化的印度英語

包山包海的共同語言

英語之所以在印度普及，是英國殖民統治的結果。即使現代認為「印度人都是因為英語才能成功走向國際」，英語在印度的立場依然很複雜。

◎各個階層的英語差異

作為多語言社會的印度，英語仍舊是有效的共同語言，但正因為是共同語言，所以在印度英語也變得「包山包海」。

在英屬時期創立的名門學校，以及從低年級開始實施全英語教學的「印度式國際學校」，都是可以精通英語的頂級名校（但兩者教授的英語仍有實質上的差異）。相反地，也有沒受過正規教育、只是為了謀生而學習英語的階層（銷售員、三輪車司機等等）。外國人以為在工作上會接觸到的印度人都是出身名流，但因為現在中產階級人口擴大，英語學歷和現在的事業成功程度已經沒有直接的關聯。如今這個時代，印度人也會為了提升資歷、留學等多少能夠出人頭地的機會，而去上成人英語補習班。

◎崛起的地區語言

莫迪政府的鼓勵印地語政策，使得高級學校也加開了印地語的必修課程。舉例來說，學校為了開設「（類似古文的非實用性）印地語文學」課，就會減少英語授課的課程，此舉也讓支持莫迪政府的菁英階層十分困惑。

另一方面，地區發展和中產階級人口擴大，使得地區語言的影響力大增。原本只提供英語的各種服務，如今有各個印度語言版本也成了常態（因為在商業拓展上必須考慮到地區特性）。印度也開始像日本一樣，在學校學到的英語沒有機會使用。他們的英語聽起來感覺不太對勁，甚至會擔心他們是否真的了解自己所說的話。如果是重要的協商場合，千萬別以為「印度人應該可以說流利的英語」，最好還是慎重以對。

菁英階層
英語是透過國際學校或留學來學習，能說得非常流利。
中產階級
英語是在普通學校學習，經常夾雜一些奇怪的說法。
底層
在印度中產階級以下的人民說的英語，常常讓人有聽沒有懂應該就是這個緣故吧。
為了謀生而自學英語。
就跟日本人無視文法的自創英語一樣呢！
印度自創的英語也亂七八糟，
這點跟日本很像呢！
莫名覺得親切！
程度可能跟我差不多。
腔調還融和了當地的語言，實在有點難聽懂呢。
以後也要學習印地語比較好喔。

撰文：關口真理

12 印度的性別觀念

根深蒂固的價值觀

印度社會給人一種對女性非常殘酷的印象。

印度的性別觀念，都是源自於塑造印度價值觀和社會秩序的古代經典「摩奴法論」。用現代的觀念來說，就是重度的「男尊女卑」。

◎摩奴法論的性別觀念

這部法論將男女糾紛的原因歸結為女人的誘惑、貪婪和無知，男人失敗是因為有女人害他無法做出適當的判斷。女人的存在本身就是社會秩序的威脅。如此可怕的存在（女人），必須要由男人進行適當的監督，才能成為美麗賢淑的女子、多子多孫且出色的家管妻，餘生則是會供奉丈夫並祈求夫家繁盛的寡婦。

種姓制度最上面的三種身分，除了地位的高低以外，都還算是一個獨立的成人，但女人就算出生在這三種身分的家庭裡，地位也低於男人，只能算是半個人，行為和立場都受到限制，實質上與第四階級的賤民沒有區別。人生的各個階段都是因為有父親、丈夫、兒子才得以生存。

因此，印度的女人為了自保，只能祈求自己生下兒子、寵溺兒子。那萬一生下了女兒呢……？沒錯，就只能走入印度女性的惡性循環。

◎流傳到現代的常識

不過，現代印度社會上已逐漸醞釀出不可盲目相信「摩奴法論」的常識了，否則丈夫和兒子的家暴行為容易被忽略，強暴事件變成男人發洩情緒的手段，對階級低的年幼少女施暴殺害的行為無異於虐殺小動物，法論的價值觀是印度缺乏人類平等意識的幫兇。印度人在學校光是從女性就業的資料數據來學習兩性問題，會以為日本的女權比印度更低落，然而親眼目睹日本女性的生活後，才會發現現實與數據的差異。對育有女兒而且也認知到這個問題的現代印度人來說，這些都是關於女性現狀有建設性的討論。

希望我所生下的孩子能夠是男生。
為什麼要男生？
因為女生在印度的地位很低。
女生要是沒有結婚生兒子，就不被當人看。
古代的經典「摩奴法論」裡記載著女性生來就有罪的說法。
摩奴法論
男人都相信自己有著監督女人的權力。
所以印度對女性的強姦和暴力事件才會那麼多啊。
不過最近也在改變了呢。
女性運動也開始盛行了。
太好了！

撰文：關口真理

13 性別多元・LGBT

領先全球的政策

印度政府也很清楚社會極度「男尊女卑」，也會發生嚴重的女性受害案件，因此正在推動政策上的改革。其中的代表例子就是最基層的村議會中的女性名額，政府要求各村必須選出一定名額的女性議員，先讓女性有機會獲得從政經驗。這樣日積月累下來，如今已出現有經驗和能力的女性國會議員、部長、邦首席部長。女學生的政治・社會意識也提高，印度的女性政治家和官員當中，很多都是從學生自治活動發跡才進入政壇。

二〇二三年，政府通過法案，國會下議院和邦議會有三分之一的女性議員保障名額（尚未實施）。

◎徹底的實力主義

身分階級是再明確不過的事實，所以女性只要有足夠的實力（包含階級、家世、經濟能力、學歷、職業等），在性別上就能取得優勢，而職位和地位高的女性也鮮少會遭受誹謗。

如今，許多印度家庭願意讓女兒接受高等教育並繼承家業。女性不再只以婚姻為目標，而是成為家庭中心，婚後也多能繼續工作。高學歷與資歷被視為新型嫁妝，家務育兒可交由家人或外包，不必因家庭犧牲事業。

◎可以選擇第三性別

在LGBT，也就是性別認同的多元性方面，印度的政策偶爾會走在世界的尖端。印度原本就會讓先天上性別未分化者，或是變性人在傳統活動和宗教儀式上擔任某些職務。姑且先不論大眾是否贊成，印度社會一直都對這些人有某種程度的認同。

二〇一四年開始，印度人能夠依個人意志選擇男女以外的第三性別。目前的印度政府還沒有承認同性婚姻，不過民情相當開放，也有強力的聲援運動，最高法院還在審議是否要承認同性婚姻。

西孟加拉邦首席部長瑪瑪塔・班納吉，
女性。
財政部長尼爾瑪拉・西塔拉曼，
女性。
我聽說印度有嚴重的男尊女卑，
可是卻有很多位女性官員呢。
因為政府的政策規定了女性從政的保障名額，
同樣是階級高或是有能力的人都會優先選擇女性。
愈來愈進步了呢。
LGBT方面也是一樣。
印度從以前就對這個問題相當寬容。
LGBT
可以依照身分認同自己選擇男女以外的第三性。
是彩虹旗。
目前也正在評估同性婚姻的合法化。

撰文：關口真理

14 日本與印度的交集

五十音、七福神、沙勿略

印地語等許多印度的語言，都是由母音和子音構成。印度人很訝異日本有「五十音」這種字母表，這是當然的，因為「日語五十音」是為了鑽研佛教而學會梵語（＝印度各種語言的祖語）的遣唐史僧侶（據說是空海）所發明的。

◎七福神有一半是源自於印度

傳入日本的佛教當中，也遺留了許多古印度神祇和儀式的氣息。辯才天女（辯才天）、俱毗羅（毘沙門天）、濕婆（大國天、大黑天），七福神裡有一半都是來自印度的神祇。連受歡迎的象頭神伽內什，也有日本名字叫作聖天（或歡喜天）。

帶著來訪日本的印度人去參拜時，要是能夠解說這段淵源，保證會讓他們十分開心。

◎日本與印度的緣分

一五四九年，在葡屬果亞傳教的傳教士聖方濟．沙勿略，因為遇到了命運多舛的日本青年彌次郎，便下定決心造訪日本。約三十年後，九州的吉利支丹大名派去羅馬的四名遣歐使節，在來回的航程途中停留在科欽（現在的喀拉拉邦科契）和果亞。筆者我在科契走訪當時建造的教會（內有瓦斯科．達伽馬之墓），想到遣歐使節伊東滿所等人可能曾經在此地一遊，就忍不住想跟在場的印度觀光客炫耀一番。

在鎖國時期的江戶，因浮世繪裡的演員和美女穿過而蔚為流行的和服棧留（Santome）縞，就是起源於印度傳來的，現在所謂的馬德拉斯格紋（Santome是馬德拉斯的一個地區），或是絣縞。到了明治時期，與日本恢復往來的印度成了英國領土，不過日本企業在孟買和加爾各答設立了據點，遠駐印度也成了熱門的業種。第二次世界大戰的英帕爾戰役中，日軍曾計畫要從中南半島進攻印度（＝英國），幾乎忘了加爾各答也可能會遭受日軍空襲。

是七福神！
感覺會有好兆頭。
裡面有些神仙是來自印度教。
布袋
壽老人
福祿壽
毘沙門天
惠比壽
大黑天
辯才天
辯才天是辯才天女。
大黑天是濕婆。
毘沙門天是俱毗羅。
日本跟印度有著深刻的淵源喔。
日語的「五十音」據說就是為了研究佛教，而學會梵語的僧侶所發明出來的。
印地語和日語有共同點，或許日本人學印地語會很簡單喔。

撰文：關口真理

印度森林局（Indian Forest Service）

關口真理

印度有個國家公務單位叫作印度森林局（Indian Forest Service），日本最接近的單位大概就是林野廳，IFS和印度的行政職位（IAS）。印度警察（IPS）統稱為全印度公務職位，是需要高難度資格的官職。這樣說應該還是很難讓人想像，不過只要親自走進印度的大自然，就會看到IFS的國有林地看板和辦公建築了。

IFS的起源可以追溯到一八六〇年代，英國開始正式統治全印度的時期。英國國內並沒有大片森林，卻非常重視這個領域，甚至還將印度森林行政的候補人員特地送到（歷史上很重視森林管理的）德國受訓。遼闊又多樣化的印度森林不是只有動物，還有沉睡在地下未開發天然資源的地區，值得一探究竟，但是要完整調查並不容易，何況森林裡還有危險的野生動植物、「未開化」且難以應付的少數部落、傳染病等等。所以，除了要充分利用全印度的森林資源以外，也必須積極調查和進行適當的維護管理。

現在的森林行政官員，不只是負責利用・保護森林的一切，還需要在職務上熟悉的山間丘陵地和少數民族較多、情勢複雜的邊境地帶，與綜合機關IAS和邦政府，協調政策與開發計畫的實施，或是地區內對立・紛爭的處理方式。這個職位十分重要，所以政府也在推行將IFS改組成邊境少數民族的專門機關。

近年來，全球都很重視環境保護和永續發展，需要知道如何應對面積迅速縮減的森林、如何多方面有效利用有限的資源、疫情後如何因應未知傳染病的爆發，這些都是超出傳統的森林行政範圍的職務。

印度自英國統治時代就面對大自然、累積至今的數據資料和活動，不只是印度政府，也值得我們關注。

＊外交官（Indian Foreign Service）一般也簡稱為IFS，不過正式名稱為IFrS，以示區別。

第3章

複雜的印度政治和外交

01 印度憲法與政治體制

共和制與聯邦制

印度在獨立兩年後的一九四九年十一月制定了憲法，一九五〇年一月二十六日生效。印度憲法總共是由395條和12個附表構成，記載了統治機關的詳細規範，是一部篇幅很長的憲法。因此，印度憲法經常需要修正，修正次數在二〇二四年二月來到106次。

根據憲法的制定與實施，印度是採取以總統為元首的共和制。憲法實施的一月二十六日為「共和國紀念日」，屬於國定假日。此外，印度擁有遼闊的領土、多元的社會組織，所以中央和地方採取聯邦制，賦予各邦一定的自治權限。二〇二四年二月，印度是由28個邦和8個聯邦直轄區所組成。

◎議院內閣制與中央．邦的關係

立法機關（議會）與行政機關是採取議院內閣制，由議會選出的總理，和以總理為中心組成的內閣，擁有強大的權限。憲法上的國家元首雖然是總統，但也規定總統只能依照內閣的建議施政，所以實質上最高掌權者是總理。

在州等級上，也幾乎比照中央採取議院內閣制。各邦有聯邦政府任命的邦長，邦長形式上是該州的最高首長，但實質的政治權力，卻是握在由邦議會選任的邦首席部長和邦內閣手上。

在中央與邦的關係中，憲法規定聯邦政府可以根據邦長提出的報告，決定是否介入邦政治（解散邦政府、改採總統直轄制等等）。這種中央介入地方的案例從七〇年代到八〇年代經常發生，不過近年來比較少見。即使如此，憲法依然有這個規定，印度的聯邦制，就是中央的權限高於各邦，有中央集權的特性。

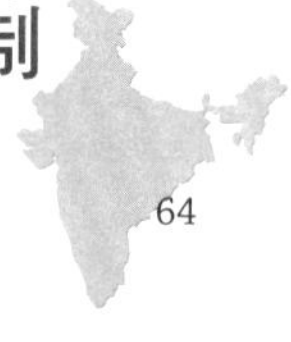

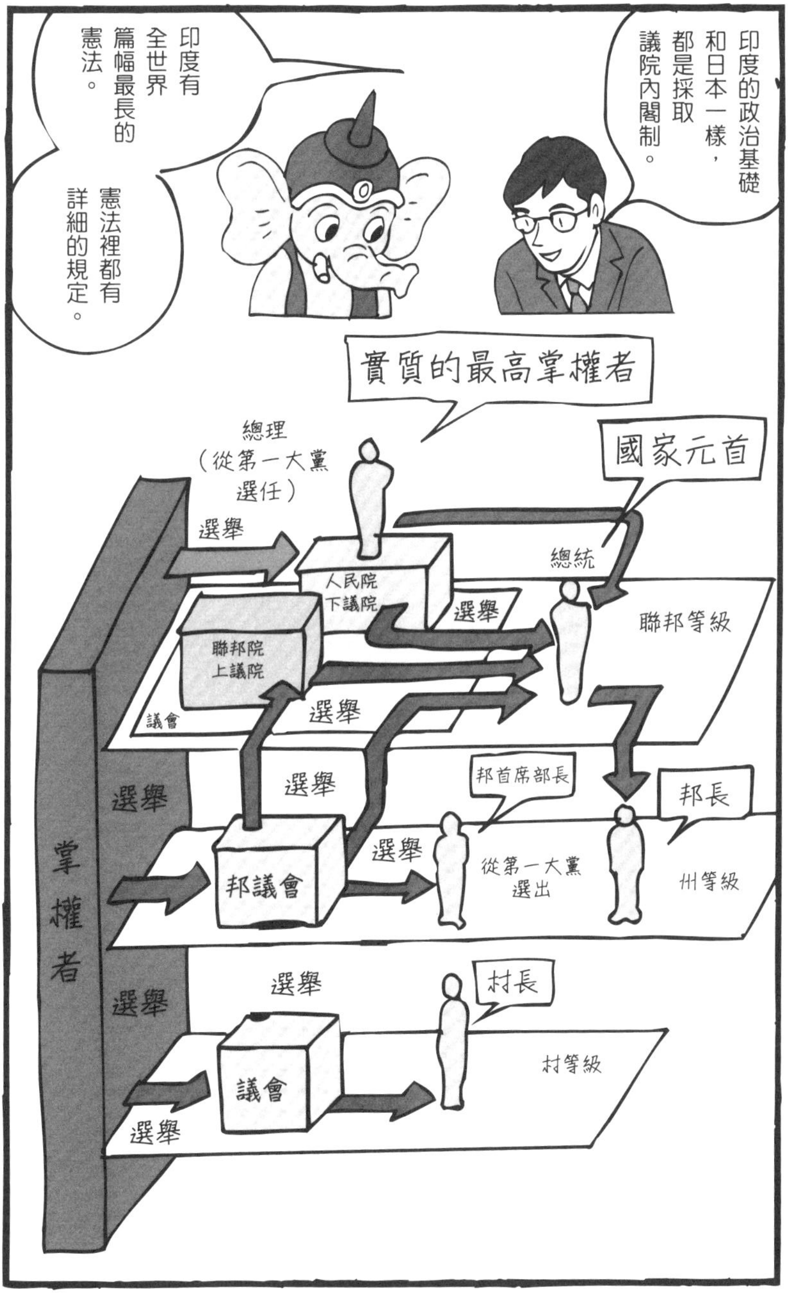
印度的政治基礎和日本一樣，都是採取議院內閣制。
印度有全世界篇幅最長的憲法。
憲法裡都有詳細的規定。
實質的最高掌權者
總理（從第一大黨選任）
國家元首
總統
選舉
人民院
下議院
聯邦院
上議院
議會
聯邦等級
邦首席部長
邦長
邦議會
從第一大黨選出
州等級
村長
議會
村等級
掌權者

撰文：三輪博樹

02 印度的總統

國家統一的象徵

印度總統是由聯邦兩議院的議員，與各邦的邦下議院議員投票選出（間接選舉），任期為五年。由於實質的政治權力掌握在總理和內閣手上，所以總統只有名目、儀式上的職務。

同時，在擁有多元複雜社會的印度，總統也是國家統一的象徵。所以，歷屆總統都是從印度各個團體組織中選出來的。到二〇二四年為止，歷屆總統包含現任在內，總共有15名，其中有3名穆斯林、1名錫克教徒、2名賤民階級的出身者，以及2名女性。

二〇二二年八月上任的總統德拉帕迪・慕爾穆（Droupadi Murmu），是桑塔爾人女性。少數民族的女性在印度社會上屬於勢力最弱的階層，但是連這種階層的人都能當選總統，日後或許有望幫助提升少數民族在社會・經濟上的地位。

⊙印度總統的政治職責

總統的職責雖然是履行名目・儀式上的職務，但在政治上也扮演了重要的角色。例如在大選後任命總理，就是總統的職責。

印度並不是由議會的總理指名選舉來選出總理，而是依照大選的結果，由總統直接任命總理。一般情況下，下議院第一大黨的黨魁被任命為總理，但是當下議院沒有任何政黨過半時，就是依照總統的判斷來任命總理。

在聯合政府常態化的一九九〇年代到二〇一〇年代，總統在大選後會任命誰當總理，經常是萬眾矚目的焦點。但是在二〇一四年以後，印度人民黨（BJP）一直都在下議院取得單獨過半的席次，因此也就不需要依總統的判斷來任命首相了。

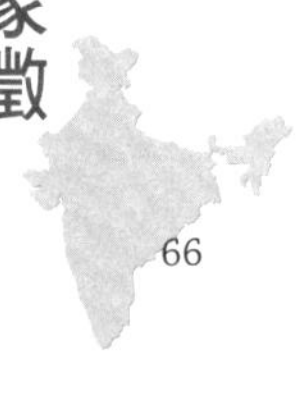

印度歷屆總統

1	拉金德拉・普拉薩德	1950 年 1 月～	印度國民大會黨
2	薩瓦帕利・拉達克里希南	1962 年 5 月～	無黨籍
3	扎基爾・海珊	1967 年 5 月～	無黨籍
4	瓦拉哈吉里・文卡塔・吉里	1969 年 8 月～	無黨籍
5	法赫魯丁・阿里・艾哈邁德	1974 年 8 月～	印度國民大會黨
6	尼蘭・桑吉瓦・雷迪	1977 年 7 月～	人民黨
7	吉亞尼・宰爾・辛格	1982 年 7 月～	印度國民大會黨
8	拉馬斯瓦米・文卡塔拉曼	1987 年 7 月～	印度國民大會黨
9	尚卡爾・達亞爾・夏爾馬	1992 年 7 月 ～	印度國民大會黨
10	科切里爾・拉曼・納瑞亞南	1997 年 7 月 ～	印度國民大會黨
11	阿卜杜爾・卡蘭	2002 年 7 月 ～	無黨籍
12	普拉蒂巴・巴蒂爾	2007 年 7 月～	印度國民大會黨
13	普拉納布・穆克吉	2012 月 7 月～	印度國民大會黨
14	拉姆・納特・柯文德	2017 年 7 月～	印度人民黨
15	德拉帕迪・慕爾穆	2022 年 7 月～	印度人民黨

※穆斯林＝　、錫克教徒＝　、賤民階級出身＝　、女性＝

※無底色的 7 位總統皆是上級種姓出身

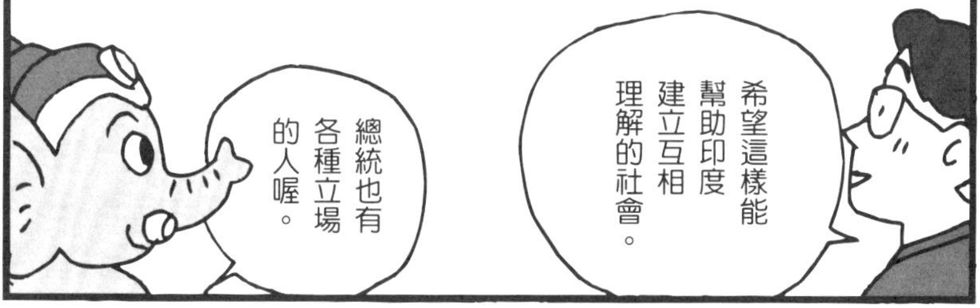
希望這樣能幫助印度建立互相理解的社會。
總統也有各種立場的人喔。

撰文：三輪博樹

03 選舉與民主主義

印度自獨立以來，幾乎維持一貫的議會制民主主義，又稱作「全球最大的民主國家」。其根據就在於他們會定期實施選舉，並根據選舉結果成立政府。

印度的聯邦議會是由上議院（名額245人／任期6年）、下議院（名額545人／任期5年，但可能解散）組成的兩院制。上議院是集結了各邦的代表，幾乎所有下議院議員都是由各邦的邦議會議員投票選出。相對地，下議院集結了國民代表，幾乎所有上議院議員都是在小選區制中，經由選民直選產生。

印度的聯邦下議院選舉中，選民人數大約是9億1000萬（二〇一九年大選），從公告到選舉結果出爐需要好幾個月，是全世界規模最大的選舉。此外，印度所有選舉都是由總部設於首都德里的中央選舉管理委員會，以及各邦的選舉管理委員會的嚴格監督下實施。

⊙印度真的是民主國家嗎

印度始終維持議會制民主，從不曾出現過軍事政權和獨裁，因而受到全世界高度肯定。在印度，公平選舉、自由的政治競爭與政治參與、根據選舉結果成立政府等民主主義的「程序」，至今依然正常運作。

然而另一方面，印度依然有宗教和種姓造成的歧視和對立、女性等社會弱勢的狀況、貧富差距、政治腐敗等許多問題。而且近年來，在印度人民黨（BJP）執政下，政府卻有單方面發布消息、對媒體施壓、運用警察等公權力來打壓反對黨等行為，正面臨「民主主義的危機」。

印度的民主「程序」或許真的正常運作，但是在人民的自由和平等、社會正義等民主主義的「實質面」上，不得不說以現狀來看反而正逐漸惡化。

印度是這樣投票的呢。
話說那個機器是什麼？
是電子投票機喔。
它設計成連文盲也可以圈選候選人符號的機制。
控制器
投票機
符號
印度有看不懂也不會寫字的人。
算是一種在地特色呢。
在投票所排隊…這才是民主啊。
嗯～印度雖然有選舉程序，但問題和待處理的課題還是很多呢。

撰文：三輪博樹

04 政黨政治與政府架構

印度國民大會黨和BJP

印度的政黨活動也很熱絡。印度獨立後，在獨立運動中扮演核心角色的印度國民大會黨（以下簡稱國大黨），一直保有足以壓制其他政黨的勢力，也就是政治學上所說的「一黨獨大制」。但是，國大黨的勢力從六〇年代後半開始衰退，到了八〇年代後半，一九八〇年所創立的印度人民黨（BJP）才開始逐漸擴大了起來。

⊙建設國家的思維造成的對立

國大黨的意識形態屬於中庸，目標是建立不同宗教和平共容的社會，以「世俗主義（政教分離、宗教多元共存）」為黨綱。相較之下，BJP的意識形態是右派，主張應該要建立以印度教為基礎的國家，秉持「印度教民族主義」。由於國大黨和BJP在國家建設的根基理念上對立，因此兩黨在政治上幾乎不可能攜手合作。

⊙從兩極化的政黨政治到BJP一黨獨大

九〇年代後半以後，聯邦下議院的國大黨和BJP勢均力敵。但兩黨在下議院都只保有四分之一的席次，若要建立聯邦政府，就必須聯合許多小黨。結果，九〇年代後半起，印度的政黨政治形成以國大黨為中心的政黨聯盟，和以BJP為中心的政黨聯盟對立的兩極化結構。

這種兩極化的政黨政治，一直持續到二〇一〇年代初期。但是在二〇一四年和二〇一九年的大選都是BJP大勝，成功獲得單獨過半的席次，所以現在印度的政黨政治是BJP一黨獨大的狀態。這個狀況今後可能會再持續下去。國大黨雖然是繼BJP之後的第二大黨，但勢力與二〇一〇年代以前相比，則是衰退了不少。

印度歷屆總理

1	賈瓦哈拉爾・尼赫魯	1947年8月～	印度國民大會黨
2	古爾扎里拉爾・南達	1964年5月～	印度國民大會黨
3	拉爾・巴哈杜爾・夏斯特里	1964年6月～	印度國民大會黨
4	古爾扎里拉爾・南達	1966年1月～	印度國民大會黨
5	英迪拉・甘地	1966年1月～	印度國民大會黨
6	莫拉爾吉・德賽	1977年3月～	人民黨
7	查蘭・辛格	1979年7月～	人民黨
8	英迪拉・甘地	1980年1月～	印度國民大會黨
9	拉吉夫・甘地	1984年10月～	印度國民大會黨
10	維什瓦納特・普拉塔普・辛格	1989年12月～	印度新人民黨
11	錢德拉・謝卡爾	1990年11月～	社會主義人民黨
12	納拉辛哈・拉奧	1991年6月～	印度國民大會黨
13	阿塔爾・比哈里・瓦巴依	1996年5月～	印度人民黨
14	德韋・高達	1996年6月～	印度新人民黨
15	因德爾・庫馬爾・古吉拉爾	1997年4月～	印度新人民黨
16	阿塔爾・比哈里・瓦巴依	1998年3月～	印度人民黨
17	曼莫漢・辛格	2004年5月～	印度國民大會黨
18	納倫德拉・莫迪	2014年5月～	印度人民黨

剛獨立時幾乎都是國大黨執政。
不過後來印度人民黨（BJP）崛起了呢。
近年一直都是印度人民黨一黨獨大。

撰文：三輪博樹

05 地區政治的重要性

多黨化與地區政黨

九〇年代後半以後的印度，勢力僅限於特定的邦和地區的「地區政黨」增加，因而發展成多黨化。這些地區政黨大多為了維持自己在各個邦和地區的勢力作為支持基礎，相對比較能夠彈性與其他政黨合作。因此，在印度國民大會黨（以下簡稱國大黨）和印度人民黨（ＢＪＰ）的兩黨政治時期，兩黨也都需要考慮到可能成為合作對象的地區政黨。

如今ＢＪＰ一黨獨大，在建立聯邦政府時，地區政黨的重要性已不如以往。但很多地區政黨在其勢力基礎的邦裡，通常也都掌握了地方政府，所以為了維護聯邦政府與邦政府之間的良好關係，依然需要重視地區政黨。另外，國大黨現在的勢力衰退，所以在建立對抗ＢＪＰ的在野黨聯盟上，也需要重視地區政黨。

印度的聯邦制雖然有明顯的中央集權特性，但地區政黨的作用，也有助於維持某種程度的分權性。

◎潘查亞特制度

在地區政治方面，地方自治制度「潘查亞特制度」也很重要。這是一九九三年修憲後開始採取的制度，依「村」「區」「縣」這三個等級分別設立地方政府，並舉行各村選民皆可參加的村民會議。

不過，這個制度並沒有在這三個等級完全落實，實際上，還是要看邦政府是否積極實施這個制度。有些邦很主動投入地方自治，也有些邦毫無進展。不過，導入這種地方自治制度，在提高基層選民對民主的觀念上，依然具有重要作用。

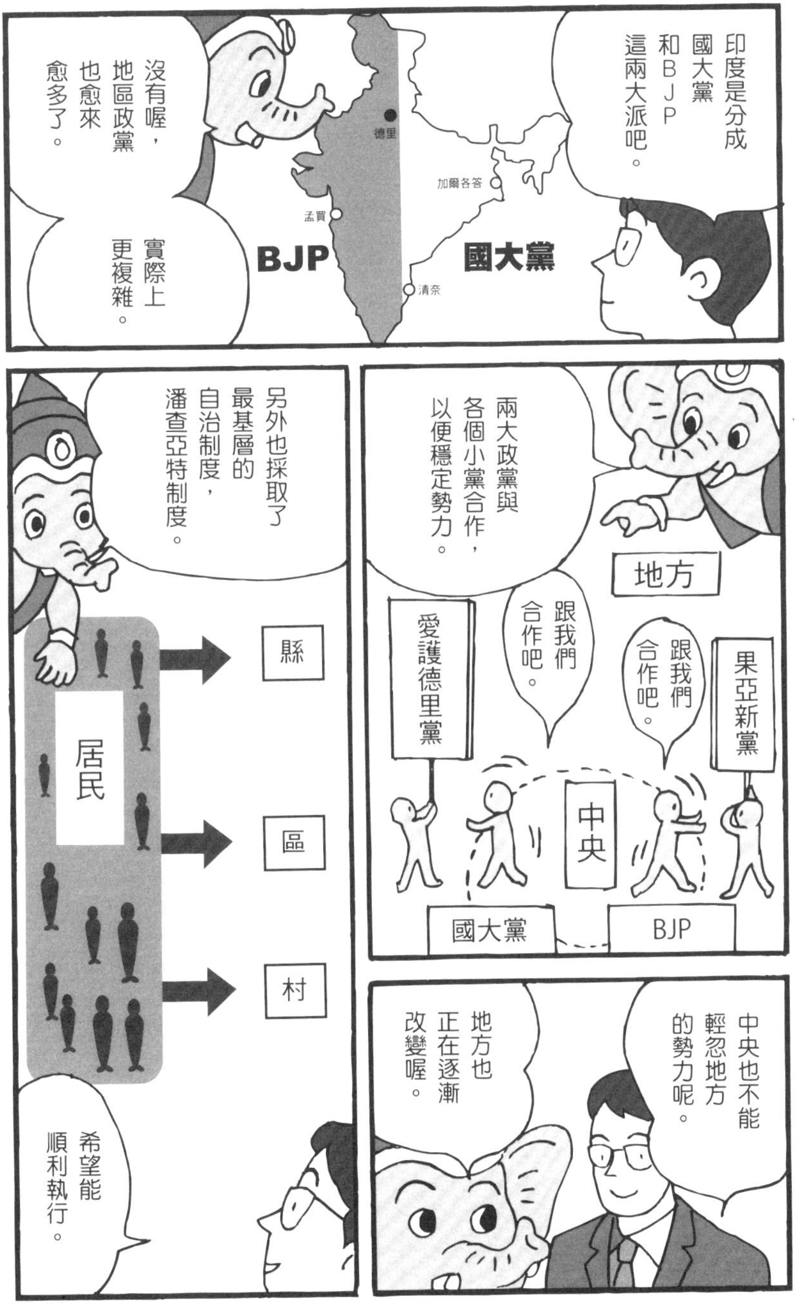
印度是分成國大黨和BJP這兩大派吧。
德里
加爾各答
孟買
清奈
BJP
國大黨
沒有喔，地區政黨也愈來愈多了。
實際上更複雜。
兩大政黨與各個小黨合作，以便穩定勢力。
地方
果亞新黨
跟我們合作吧。
愛護德里黨
跟我們合作吧。
中央
國大黨
BJP
另外也採取了最基層的自治制度，潘查亞特制度。
居民
縣
區
村
希望能順利執行。
中央也不能輕忽地方的勢力呢。
地方也正在逐漸改變喔。

撰文：三輪博樹

06 種姓制度、階級與政治

印度的種姓制度，是由「婆羅門、剎帝利、吠舍、首陀羅」這四大身分「瓦爾那」，與根據傳統職業細分的可通婚團體「迦提」，這兩個概念所組成。透過經濟的互相依賴關係與上下的身分關係來連結人與人，是種姓制度原本的功能。

種姓制度至今仍對印度社會有深遠的影響。在日常生活和婚喪喜慶的場合，人民大多還是會顧慮種姓制度的職責和上下關係等規範。相較之下，在政治、經濟利害的關係上，印度人對種姓的職責和規範意識較為薄弱，各種姓團體在政治、經濟的利害上會互相競爭，擁有類似利益團體的特性。

因此，在現在的印度，種姓與政治有密切的關係。各政黨需要政治動員、維護支持基礎時，都必須考慮到因邦和地區而不同的種姓結構（有力種姓團體的種類和特徵、各團體的對立模式等等）。

◎弱勢優惠政策及其問題

印度對弱勢的優惠政策，是採取針對特定種姓團體和少數民族的保護（reservation）制度。現在，公務員和公營企業的人員錄取、聯邦下議院和邦議會的議席，都設有賤民階級出身者與部分少數民族的保障名額，將名額的一部分優先分配給這些人。除此之外，對於稱作「其他落後階層（OBC）」的部分種姓，也一樣有公務員保障名額。

這些保護制度，在改善弱勢階層的社會經濟狀況上有一定的作用。但同時也有僅限於政治影響力很大的團體，或是只有團體中的上位者受惠的問題發生。

以前的種姓制度是這樣。
支配
財富
婆羅門
剎帝利
吠舍
首陀羅
達利特（賤民）
很單純的金字塔結構呢。
不過到了現代，這個結構正逐漸瓦解。
變得亂七八糟了。
婆羅門
達利特（賤民）
首陀羅
剎帝利
吠舍
各自開始相互競爭了。
對於弱勢的底層種姓，尤其是達利特，也有了優惠政策。
原本沒有任何權利
國會裡也有保障議席，公務員也有保障名額。
公務員
保障名額
太好了！
雖然還是有不公平的地方，但已經比以前好很多了。

撰文：三輪博樹

07 民族主義

印度國民的定義是什麼？

印度的民族主義，經常與宗教對立的嚴重性互為表裡。只要政治家和社會運動家煽動民族主義，宗教之間的分裂就會加深。

印度的民族主義，是在十九世紀以後對抗英國的獨立運動過程中顯現，並延伸成常態。

獨立運動的領袖當中，像尼赫魯這樣現代主義者，將印度的民族主義定調為沒有任何宗教要素，嘗試建立西方式的現代國家。但是，作為印度獨立運動核心的莫罕達斯·甘地，卻想超越獨立建國這個單純的目標，將獨立運動推展成抵抗世俗近代社會狀況的運動，所以這個民族主義當中必然包含宗教的要素。

不論甘地本身是否有這個意圖，引用甘地的思想、試圖將印度教普遍定義為「印度生活模式」的印度民族主義者，對於不願服從的伊斯蘭教徒（穆斯林）和基督徒，採取有暴力行為的攻擊性態度。他們主張「印度國民」＝「印度教徒」，不斷指責重視阿拉伯的聖地麥加的穆斯林是「非國民」。印度教本來是崇拜在地的各種神明，是個多元主義的宗教。儘管如此，現代印度卻有印度教徒鼓吹偏激的民族主義，排除其他宗教、強制異教徒同化的現象。

◎找不出解方的問題

這股印度民族主義的潮流，在一九八〇年以後逐漸擴大了起來，民族主義政黨ＢＪＰ（印度人民黨）在一九九八年和二〇一四年掌握了中央政府的執政權。前ＢＪＰ政府總理瓦巴依（Atal Bihari Vajpayee）、現任總理莫迪都曾經是ＢＪＰ的支持基礎ＲＳＳ（國民志願服務團）的幹部。

印度的民族主義問題也包含了宗教對立的要素，想必今後還會繼續發展。

※最新狀況請參照「宗教與政治（Ｐ80）」

壓縮
許多邦
不同種姓
錫克教徒
印度教徒
穆斯林
基督徒
耆那教徒
像這樣凝聚在一起，就成了
印度啊。
想不到居然可以結合在一起呢。

撰文：中島岳志

08 宗教社群主義

排外的宗教至上主義引發對立

現代印度最大的一個問題，就是宗教對立。在印度，煽動特定的宗教團體與其他宗教對立的偏激宗派主義，就稱作「宗教社群主義」。這是特別在印度教和伊斯蘭教發生宗教對立時，以負面意義指稱各宗教排外性的用詞。

印度教與伊斯蘭教的對立，在英國的殖民統治下強化並重新浮出枱面。英國在印度的統治行政上，根據國勢調查採取了各個宗教「分治」的政策，促使主導獨立運動的印度教和伊斯蘭教分裂，企圖破壞這場運動。結果，宗派的身分認同提高，宗教之間的對立因此變得顯著。

◎延續到未來的課題

二十世紀上半葉時期，印度教大會黨（Hindu Mahasabha）和ＲＳＳ（國民志願服務團），發起強迫穆斯林和基督教徒改宗印度教的運動，並推動呼籲印度教團結的運動，正面對抗伊斯蘭團體。

一九四七年，印巴分治時，在新邊界的宗教人口流動引起大規模的屠殺、暴動和強盜事件。翌年，印度教大會黨的成員，暗殺了始終包容伊斯蘭教的莫罕達斯・甘地。獨立後的印度背負著因偏激的宗教社群主義而失去「國父」的遺憾，開始建設國家。

之後在一九九二年，阿約提亞（印度神話的聖地）發生了印度教徒搗毀清真寺的報復行為，二〇〇二年又發生了古加拉特屠殺事件。現任總理莫迪是古加拉特屠殺事件當時的邦首席部長，被指控未能適時阻止衝突。

宗教社群主義，包含了印度與巴基斯坦的對立、二〇〇八年孟買的連環恐攻這些伊斯蘭激進派發起的恐攻問題在內，是印度最大的動盪主因，也可以說是二十一世紀印度最大的政治課題。

※最新狀況請參照「宗教與政治（P80）」

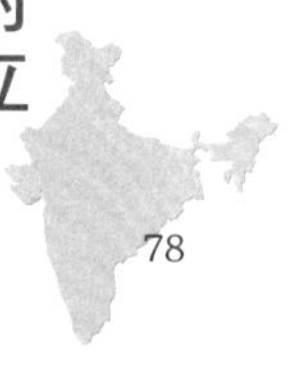

印度人大多都是印度教徒啊。
少數派裡還有穆斯林跟基督徒喔。
印度教 79.8%
伊斯蘭教 14.2%
基督教 2.3%
錫克教 1.7%
佛教 0.7%
耆那教 0.4%
其他 0.7%
未申報 0.2%
(2011年國勢調查)

伊斯蘭教和印度教的對立特別激烈呢。
印度教
伊斯蘭教
信仰多名神祇
只信仰唯一的真神
偶像崇拜
禁止偶像崇拜
街頭會販售眾神的畫像
只容許用抽象的幾何圖形代表神
教義也有這麼大的差別呢。

文章：中島岳志

09 宗教與政治

源自宗教的對立

印度因為社會與政治的關係，宗教和種姓同樣重要。印度除了多數派的印度教徒以外，還有伊斯蘭教、基督教、錫克教、佛教、耆那教等多種宗教團體，因此經常發生與宗教有關的糾紛和衝突。

尤其是多數派的印度教徒，和少數派當中勢力最大的穆斯林之間的對立，以及隨之觸發的宗派主義「宗教社群主義」的動向，始終是印度獨立以後的一大問題。

從印度獨立後建設國家的觀點來看，「世俗主義」和「印度民族主義」這兩種思想的對立也很重要。世俗主義（政教分離、宗教多元共存）的目標是建立不同宗教和平共處的社會，而印度民族主義是印度教和民族主義結合、試圖建立一個以印度教為基礎的國家。

◎印度民族主義的強化

印度獨立後，長久以來都是採取世俗主義作為國家方針。但是在一九八〇年代後半以後，以印度人民黨（BJP）為首的印度民族主義勢力擴大，在二〇一四年的大選中，BJP成功贏得單獨過半的席次後，開始在印度推行重視印度教的政策。這個狀況非常不利於穆斯林等宗教少數派人士。

但是根據民意調查，這種重視印度教的政策卻受到印度人民一定程度的支持。近年來，政府甚至開始有意將重視印度教政策的反對意見，定調為「反國家」。因此，現在的印度有非常強烈的印度教民族主義，過去作為國家方針的世俗主義正面臨危機。

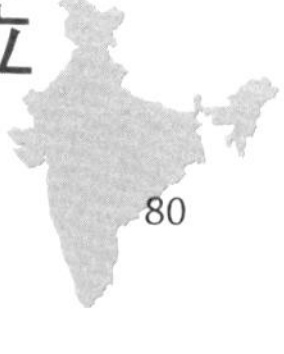

印度不只是因為種姓制度才導致分裂。
宗教造成的分裂也很嚴重。
穆斯林
印度教徒
尤其是伊斯蘭教和印度教的衝突最激烈。
穆斯林的人口只有14％，但印度教徒卻完全不肯妥協呢。
BJP
敵人！
穆斯林還敵視印度人民黨呢。
為什麼？
印度教民族主義
BJP
因為他們支持印度教民族主義。
近年來重視印度教的人變得很多。
叛國思想！
沒錯！沒錯！
BJP
後退
後退
○○黨
絕不能讓BJP得逞！

撰文：三輪博樹

10 國籍修正法

各地掀起的反對運動

二〇一九年十二月，印度聯邦議會通過一九五五年制定的國籍法修正案，在十二月十二日頒布國籍修正法（CAA）。

這部法律規定，曾在巴基斯坦、孟加拉、阿富汗這三國受到迫害的六個宗教（印度教、錫克教、佛教、耆那教、祆教、基督教）信徒中，於二〇一四年十二月三十一日以前已入境印度者，皆不會被視為非法移民，而且可以獲得印度公民權。

但是，這個國籍修正法卻在印度國內引發激烈的反對運動。因為適用對象不包含穆斯林，代表這部法律刻意排除伊斯蘭教，於是有人強烈批判這違反了印度的世俗主義（政教分離、宗教多元共存）。另一方面，以阿薩姆邦為中心的東北部各邦，則是有孟加拉等非法移民增加的疑慮。

◎國籍修正法的反對運動及後續

反對運動擴散到印度全國，其中特別受到矚目的是首都德里的動向。德里在國籍修正法公布後，市內各地隨即爆發激烈的反對運動，警民衝突造成多人傷亡。德里在這之後依然持續發動靜坐等反對運動。

但是在二〇二〇年三月以後，隨著新冠疫情愈來愈嚴重，全國人民的活動都嚴格受限。結果，警察以因應疫情為由，壓制了國籍修正法的反對運動，從此以後，運動便完全處於劣勢。

在法案公布約四年後，二〇二四年三月，國籍修正法終於上路。雖然現在依舊有反對意見，但已不如以往那麼激烈了。

為什麼只有穆斯林被排除在外！
吵吵鬧鬧
這裡也在鬧事啊。
移民都不准來印度！
到底是怎麼回事。
因為國籍修正法終於實施了。
那是什麼？
這部法律規定了在鄰國受到宗教迫害而入境印度的難民可以獲得公民權。
不會被當作非法移民。
喔～這樣的話不是很好嗎？
可是…
適用對象中的六個宗教裡，並不包含伊斯蘭教。
伊斯蘭教
難怪穆斯林要這麼生氣。
還有啊……
也有民眾擔心之後移民會愈來愈多。
社群網站上也不斷有人抗議。

撰文：三輪博樹

11 毛主義（左派暴動）

極左武裝集團破壞治安

印度有很多會危害國內治安的問題，其中有個問題與伊斯蘭武裝分子的恐怖攻擊，和東北部各邦分離主義分子的動向同樣嚴重，那就是標榜毛澤東主義的極左武裝集團「毛主義」的活動。

印度的毛主義分子活動是始於一九六七年，發生在西孟加拉邦納薩爾巴里村農民反抗地主的暴動。因此在印度，經常引用這座村莊的名稱，將極左武裝集團稱作「納薩爾派」，「毛主義」和「納薩爾派」這兩個稱呼會混用。

這場發生在納薩爾巴里村的起義很快就遭到鎮壓，但農民的武裝行動擴大到了周邊地區。雖然多次發生過內部矛盾和分裂，不過毛主義分子的活動依然持續到現在，目前是以印度東部到中部地區為中心，發動攻擊警察和維安部隊、綁架政治家或企業人士等事件。

◎如何應對毛主義分子

從數字來看，毛主義分子的活動有趨緩的傾向。二〇〇九年與毛主義分子有關的案件共有２２５８件起，毛主義分子和維安部隊隊員的死亡人數合計為908人。但是到了二〇二二年，案件減少為531件起，死亡人數合計為98人。雖說有趨緩的傾向，但毛主義分子依然是治安上的一大隱憂。

毛主義分子的活動背景，在於地方的社會・經濟落差問題，以及政府未能確實統治的地區居民的不滿。所以，就算用武力鎮壓所有毛主義分子，也無濟於事。實際上，印度內政部的年度報告裡也寫道，必須要採取「統合且綜合性的方法」，來投入地區治安與開發的問題、做到更完善的治理。

哎呀！
這裡又不是中國，怎麼有那些旗子和照片…
那是印度的毛主義分子喔。
毛澤東
印度也有毛澤東的信徒啊!?
杜絕歧視
推翻資本主義
打倒資產階級
這群人是以毛澤東的共產主義為理念。
但是變得太過偏激了呢。
毛主義分子的暴力事件成了印度治安的一大問題。
我能理解他們為何要反對階級社會…但還是得想想辦法才行啊。
印度政府認為不能只靠武力壓制，也需要解決恐怖分子的不滿。

撰文：三輪博樹

12 媒體、政治與平民的意見

遭受壓迫的言論自由

印度的大眾媒體活動十分熱絡，在對抗英國殖民的過程中，孕育出成熟的新聞學專業。根據日本新聞協會的資料，二〇二二年的印度付費日報發行總量為1億3128萬份，是僅次於中國的世界第二。報紙和電視新聞的獨家報導，甚至足以影響政府。

此外，伴隨著網路以及手機的普及，X（舊稱Twitter）和WhatsApp等社群網路服務（SNS），也變得和傳統的報導機構同等重要。政治家也經常透過網路社群發布消息。

然而另一方面，媒體的觸及率也有地區差異。報紙發行量和電視的普及率都會因地區而不同，尤其又以城市與農村的落差最大。雖說網路社群受到關注，但普及率並沒有那麼高。

◎印度大眾媒體的危機

印度在過去一直都保障人民有充分的言論自由。但是近年來，在印度人民黨（BJP）政府的統治下，卻有言論和報導自由受到打壓的情況。

國際NGO「無國界記者組織」在二〇二三年發表的「全球報導自由度指數」中，印度在180個國家裡是第161名，排名非常低。因為印度有審查報導內容、新聞記者遭到攻擊、媒體偏頗報導、與總理關係緊密的新興財團收買媒體等情況。

此外，人民對大眾媒體的信任度也愈來愈低落。二〇一二年實施的世界價值觀調查當中，還有34．6%的回答者認為報章雜誌「非常值得信賴」；但是在二〇二二年的調查中，給出相同答案的人數下降到了25．7%。印度的大眾媒體現正面臨失去公信力的危機。

印度有著很多種不同的報紙呢。
印度從以前就是媒體大國。
大家都埋頭在報紙裡，
看得很專心。
也很專心在看電視。
報紙和電視新聞都會表現出各自立場，進而影響到人民的政治行動。
近年有愈來愈多政治家會透過網路社群發布消息，也會直接與人民互動。
但是，最近「言論自由」受到壓迫，媒體的可信度正在逐漸下降。

撰文：三輪博樹

13 印度外交

從不結盟到全方位聯合外交

獨立後的印度，在第一任總理尼赫魯的帶領下，隨即推動「不結盟」的外交策略。他批判美蘇的冷戰結構，主張全面縮減軍備和去殖民化，並與同樣主張不結盟的國家合作。但是，在六〇年代到七〇年代，與印度有關的國際情勢改變後，印度與當時的蘇聯關係變得更重要。在八〇年代以前，印度表面上聲稱不結盟，但實際上，與蘇聯的同盟關係卻是印度的外交路線中心。

⊙全方位聯合外交

八〇年代末以後，印度的外交政策經過東西冷戰結束、蘇聯的解體、中國的崛起、印度的外債危機（一九九一年）等事件，有了大幅變化。在經濟政策上改採大膽的自由化路線，外交上則是親近原本在冷戰時期疏遠的美國等西方各國，與多個國家之間進行全方位的聯合外交。

這個全方位聯合外交，重視的是與各國成為「戰略合作夥伴」。這是介於同盟和友好關係中間的形態，並不是建立會限制行動自由的同盟關係，而是深化對各國關係的外交政策。

⊙印度外交的一貫性

獨立後的印度外交政策曾有大幅轉變，不過也具有一貫性。專家認為，印度外交的一貫特徵就是「大國志向」和「堅持自主獨立外交」。

大國的定義是「擁有廣大的國土和大量人口，經濟．政治．軍事各方面的實力能在國際政治上做出自律的政策決定和執行能力的國家」。印度希望能自立成為這樣的大國，推動不受他國制約的獨立自主外交。現在以戰略合作夥伴為基礎的全方位聯合外交，也是依循這個大目標的外交政策一環。

與印度成為戰略性合作夥伴的30個國家

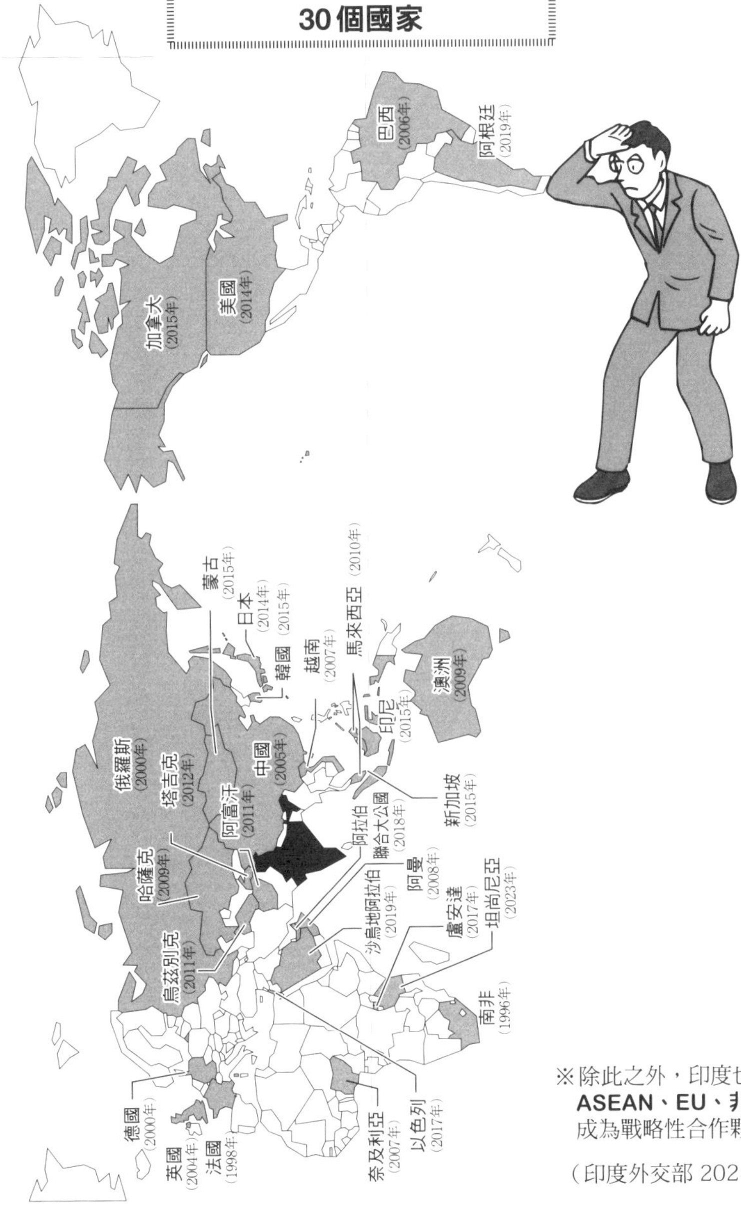
巴西 (2006年)
阿根廷 (2019年)
美國 (2014年)
加拿大 (2015年)
蒙古 (2015年)
日本 (2014年)
韓國 (2015年)
越南 (2007年)
馬來西亞 (2010年)
澳洲 (2009年)
印尼 (2015年)
俄羅斯 (2000年)
塔吉克 (2012年)
阿富汗 (2011年)
中國 (2005年)
新加坡 (2015年)
阿拉伯聯合大公國 (2018年)
哈薩克 (2009年)
沙烏地阿拉伯 (2019年)
阿曼 (2008年)
盧安達 (2017年)
坦尚尼亞 (2023年)
烏茲別克 (2011年)
南非 (1996年)
德國 (2000年)
英國 (2004年)
法國 (1998年)
奈及利亞 (2007年)
以色列 (2017年)

※除此之外，印度也與**ASEAN、EU、非洲54國**成為戰略性合作夥伴。

（印度外交部 2024年資料）

撰文：三輪博樹

14 企圖晉升大國的印度

從BRICS到聯合國安理會常任理事國

專家指出，現在的印度是以自己為中心，將世界分成三個同心圓來認知全球秩序。這個同心圓當中，最靠近印度的是南亞，其次是印度－太平洋地區，最大的就是整個世界。

印度的目標是成為足以影響全世界的大國，建立新的國際秩序。

但這還言之過早，目前需要的是讓歐美主導的國際秩序多極化，並擴大自身的影響力。為了達成這個目標，若要跟中國合作也是不無可能。

另一方面，印度在南亞已經是個大國，在南亞保有自己的影響力，同時發展成印太地區的大國。

但是，中國也企圖在南亞和印太地區擴大影響力，所以印度在這些地區可能會與中國對立。

◎BRICS與聯合國改革

印度的外交目標是國際秩序多極化，因此與名列BRICS（金磚國家）的新興國家的關係很重要。

二〇二四年一月，BRICS除了原有的五國以外，又擴充了五個國家，企圖強化框架。但另一方面，由於印度與中國的邊境衝突加劇、俄烏戰爭導致各國對俄羅斯的批判升高，因此BRICS的前景尚不明朗。

除此之外，還有另一個值得關注的，就是擴大聯合國安全理事會等「聯合國改革」的討論。印度期望加入聯合國安理會常任理事國，與日本、德國、巴西三國共組「G4」，支持彼此加入常任理事國。但是，G4各國的鄰國（例如印度的鄰國巴基斯坦），都強烈反對G4加入常任理事國，還未能朝著預設的方向前進。

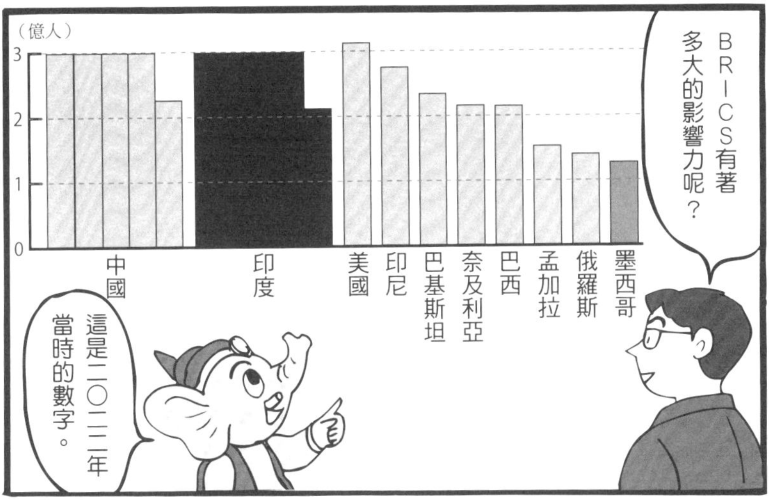
（億人）
3
2
1
0
中國
印度
美國
印尼
巴基斯坦
奈及利亞
巴西
孟加拉
俄羅斯
墨西哥
BRICS有著多大的影響力呢？
這是二〇二二年當時的數字。

是二〇五〇年的預估。
①印度
②中國
③美國
④奈及利亞
⑤巴基斯坦
⑥印尼
⑦巴西
⑧剛果
⑨衣索比亞
⑩孟加拉
（PwC、2022）
印度變成全球人口最多的國家了呢。
BRICS很適合作為新興國家的聯盟，也能當作對抗傳統先進國家的架構。

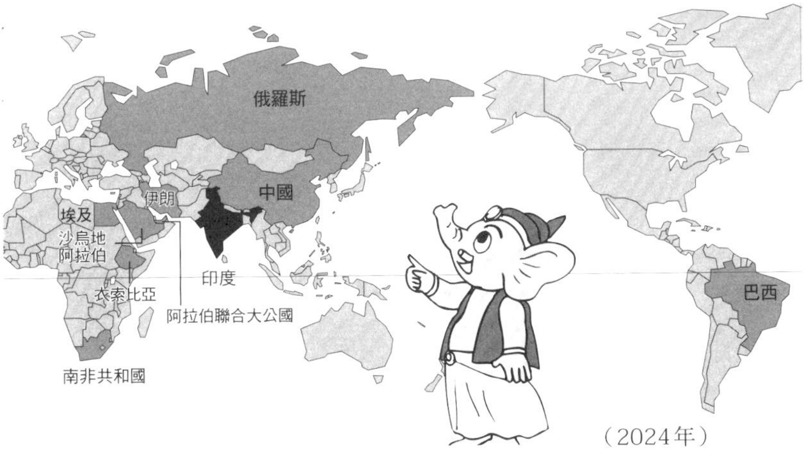
俄羅斯
中國
伊朗
埃及
沙烏地阿拉伯
印度
衣索比亞
阿拉伯聯合大公國
南非共和國
巴西
（2024年）

撰文：三輪博樹

15 全球南方公認的「盟主」

在近年的國際關係上，名列「全球南方」的國家開始成為矚目的焦點。

全球南方具體包含的國家，並沒有明確的定義。它作為亞洲、非洲、中東、拉丁美洲各個地區的發展中國家和新興國家的總稱，主要是用來與北半球的先進國家對比。

現在，全世界都公認這個全球南方的「盟主」就是印度。二〇二三年一月，印度政府主辦的「全球南方之聲高峰會」以線上的形式舉辦，除了印度以外，還有不屬於G20的124個國家參與。同年十一月，也在線上舉辦了第二屆高峰會。

◎印度的目的是什麼

印度的外交專家警告，「全球南方」還是個很新的概念，印度試圖位居領導地位是不切實際的行為。印度目前只是為了自己的外交目的，才想利用全球南方這個名義而已。

印度過去與俄羅斯的關係密切，即使在俄烏戰爭爆發、國際大力撻伐俄羅斯的時候，這個關係也沒有太大的改變。專家認為，印度可能是想將自己定位成「在大國之間的對立中淪為犧牲品的全球南方」，以此作為與俄羅斯維持關係的正當理由。

另外也有許多見解指出，印度過去十分重視的BRICS架構，因為與中國的邊境衝突、俄烏戰爭導致各國對俄羅斯的批判升高，前景也變得不明朗。於是，印度可能是想利用「全球南方」，作為結合新興國家和發展中國家的新架構。

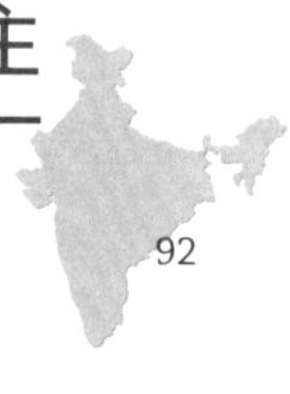

依所得水準分類的國內生產毛額比較

2012 年國內生產毛額

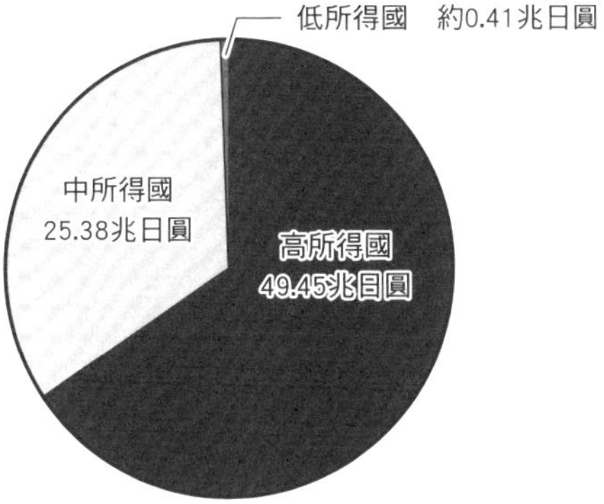
低所得國　約0.41兆日圓
中所得國
25.38兆日圓
高所得國
49.45兆日圓

2022 年國內生產毛額

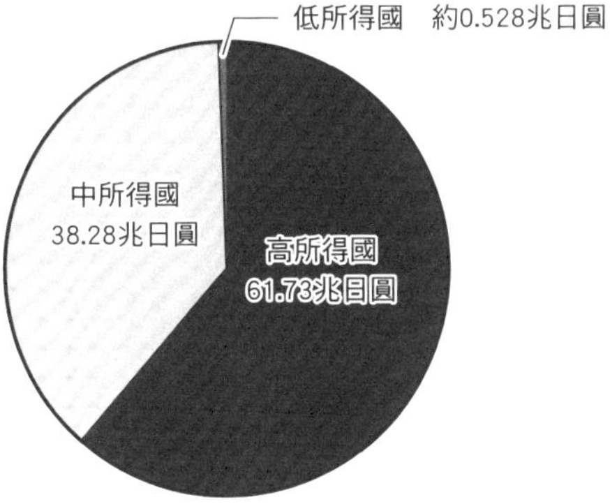
低所得國　約0.528兆日圓
中所得國
38.28兆日圓
高所得國
61.73兆日圓

※世界銀行集團根據前年度每人平均國民所得（GNI）來分類。
高所得國：美國、英國、義大利、加拿大、德國、日本、法國等
中所得國：中國、印度、阿爾及利亞、泰國、土耳其、古巴、祕魯等
低所得國：阿富汗、衣索比亞、馬利、尼日、蘇丹等

（World Bank Open Date）
https://data.worldbank.org/income-level/high-income?view=chart

撰文：三輪博樹

16 軍事戰略與核武問題

與巴基斯坦・中國的對立和國防自主

一九九八年印度進行核子試爆，震驚了全世界。鄰國巴基斯坦也為了對抗印度而進行試爆，形成南亞兩個擁有核武的國家對峙的局面。

巴基斯坦的核武開發是用來防禦印度，而印度的核武開發則是用來防禦中國。這次印度的核子試爆，是繼一九七四年以後第二次試驗。

印度獨立後採取不結盟運動，一直以來都主張全面廢除核武與核裁軍，但同時卻認為核武禁擴條約（NPT）是容許特定國家持有核武的不平等條約，因此拒絕簽署，至今也未曾加盟。

核子試爆結束後，印度宣布核武只會用於制衡、「不率先使用」，自主停試（moratorium）核子試爆。日本和美國對印度實施的經濟制裁也隨後解除，印度最終讓國際社會承認自己是實質擁核國家。

⊙邁向軍事大國的印度

印度在一九九〇年代後半以後，經濟成長迅速，同時正逐漸發展成軍事大國。根據斯德哥爾摩國際和平研究所的資料，印度在二〇一八～二二年成為全球最大的武器進口國，軍武數量占全世界約11%。原本最大的進口國是傳統上外交關係最密切的俄羅斯，不過在二〇一〇年代以後，武器的進口來源變多了，法國進口的數量也增加。

印度邁向軍事大國的背景，在於長期以來他們都有成為大國、進入聯合國安理會成為常任理事國的野心。至於短期、中期目標，則是需要對抗來自中國的威脅，並因應蘇聯解體後印蘇同盟瓦解的情勢，必須自主建構國防安全。一九九八年實施的核子試爆，就可以說是出於自主建構國防的必要性。

不結盟的印度在冷戰時期跟美、蘇兩國都保持了距離呢。
赫魯雪夫
甘迺迪
雖然自己的國家的確要靠自己保衛，
但真的有必要持有核武嗎？
印度的理想是「和平」與「共存」，
在經濟成長以後逐漸成為軍事大國。
這也是為了向對立的鄰國巴基斯坦和中國示威。
印度也有發射火箭的技術。
為了抵禦核武，
而擁有核武，也很像印度會有的作風。

撰文：三輪博樹

17 現代的日印關係

從興趣缺缺到關係緊密

日本在進入高度經濟成長期的六〇年代以後，日本與印度的關係原本相當疏遠。這個時代的日本心目中的「亞洲」，最重要的是東亞，其次是東南亞，接著是西亞（中東）的石油生產國。日本人對南亞興趣缺缺，日印兩國的關係長期處於冰點。

九〇年代以後，隨著東西冷戰結束、國際秩序變化，日印關係改善的趨勢漸強。一九九八年，日本對進行核子試爆的印度實施經濟制裁，一度失去這個機會，不過在二〇〇〇年時任首相森喜朗訪問印度後，日印關係再度改善。

在森首相訪印以後，日印關係快速變得緊密，二〇〇五年以後印度總理和日本首相每年都會互相訪問。二〇〇六年，兩國將二〇〇〇年簽定的「日印全球夥伴關係」，升格成為「日印戰略全球夥伴關係」。

⊙四方安全對話

現在的日印關係，尤其是外交和安全保障方面的動向廣受矚目。在全球將中國的崛起視為威脅以後，印度與日本、美國、澳洲合作牽制中國的「四方安全對話（Quad）」成為焦點。

這個Quad的架構，是在二〇〇六年由時任日本首相安倍晉三提出。但是，印度起初對這個架構漠不關心。因為印度的目標是成為大國，仍希望有機會與中國合作、建立緊密的經濟關係。

不過在二〇一七年以後，印度對Quad的態度比以往積極許多。原因是印度與中國在邊界領土問題上交惡，以及在中印貿易中，印度的進口量大增、有嚴重的貿易逆差。

日印關係

1945　第二次世界大戰結束
1947　印度脫離英國獨立
1948　拉達賓諾德・帕爾提出東京審判的判詞
1952　日印建交
　　　簽署日印和平條約
1958　簽署日印通商條約

1998　印度核子試爆
2000　締結日印全球夥伴關係
2006　日印戰略全球夥伴關係共同聲明
2014　日印特殊戰略全球夥伴關係共同聲明

現在

日本駐印度人數	8,145人	※2022年
印度駐日本人數	23,411人	※2022年

日本進口印度	2兆180億日圓（日本第13名）	※2022年
印度出口日本	8,332億日圓（日本第26名）	
日本直接投資印度	6,412億日圓	

（日本外務省）

撰文：三輪博樹

18 定居海外的印度人群像

在海外（包括日本）到處都可以見到印度人，他們從印度移民的時期、原委、移民國家、職業差異非常大。這些人與現在的印度有什麼樣的關聯，需要特別仔細深究，不能隨便將他們歸為「印僑」。

⊙先進國家的移民潮

歷史上印度人的海外移民潮，是為了彌補其他英國殖民地勞力不足的問題。除了勞動人口以外，印度人也以下級官員、軍人、商人的身分協助英國，定居並維持原本的種姓和宗教，在當地形成了印度社群。在印巴分治獨立時期的混亂中流離失所、移民海外的例子也不在少數。

到了一九六〇年代，印度發展停滯，菁英人才外流到歐美國家的趨勢格外顯著。至今依然有許多印度人出國接受高等教育後就職，就此移民先進國家。不過在印度飛躍發展的二〇〇〇年代以後，也發生了人才回流的現象。

然而，已在移民的國家歷經好幾世代的印度人，雖然仍保有印度的文化和精神，但還是應該把他們視為該國的國民。

如今印度在國際舞台上的表現愈來愈亮眼，他們也大多扮演了移民國和印度之間的重要橋樑，不過終歸還是站在移民國的立場。

⊙NRI和PIO的優待

印度在一九九〇年代採取新經濟政策以後，先是提供在歐美事業成功、仍持有印度國籍的海外印度人NRI（非定居印度人）的身分，給予金融方面的優待，讓他們的財富得以回歸印度。

之後，已移民成為海外公民的印度裔人士，也可以取得PIO（源自印度人士）身分，資格相當於印度公民和NRI。所有背景、立場的海外印度人（裔）不論有多少，都可以對印度有所貢獻。

這些都是跟印度有淵源的國際名人。
英國首相
里希・蘇納克
美國前副總統
（母親是印度坦米爾人）
賀錦麗
電影導演
奈・沙馬蘭
真是各有千秋啊。
世界銀行行長
彭安傑
作家
鍾芭・拉希莉
職業高爾夫球手
維傑・辛格
印度人在全世界都很活躍。

撰文：關口真理

帕西人

關口真理

古代波斯帝國盛行的祆教（拜火教），在八世紀時因伊斯蘭教勢力擴大，部分信徒帶著聖火走陸路逃往東方，抵達印度西海岸時，當地的領主答應讓他們定居並包容他們的信仰，條件是要遵守當地的習俗。

來自波斯的他們與宗教，在當地就稱作帕西，他們會說印度的語言、女性會穿著紗麗，已經與印度同化。他們服從任何權力的統治，主要以經商為生。

在他們的故鄉孟買，可以看到不少帕西的寺院和祭祀儀式，帕西料理也成了當地的鄉土菜。

帕西人在殖民時期也與英國維持良好的關係，很早就已經歐化。帕西人口在印度屬於極少數，但還是出了塔塔、高德瑞治、瓦迪亞這些老字號的大財團，及其他有力人士和名人。

殖民時期，在商業、學術、政治上都與英國人同樣活躍的納奧羅吉（Dadabhai Naoroji），是鼓吹「財富外流」論的獨立運動先驅。

國際級指揮家祖賓・梅塔（Zubin Mehta），其父親也是印度的古典音樂大師。以電影《波希米亞狂想曲》聞名的皇后樂團主唱佛萊迪・墨裘瑞（Freddie Mercury，本名法魯克・布爾薩拉Farrokh Bulsara），因家人工作的關係，出生於英國在非洲的保護國，後來在孟買的家族庇護下就讀印度的名門學校，因成績不佳遭到退學（P178），後來才赴英國發展。

除此之外，還有帕西人出身的新聞記者、作家、攝影師、畫家、電影人等等，他們在印度擔任西歐傳來的新文化先驅，個個都是國際級的人物。但相反地，卻幾乎沒有帕西人從政。

帕西人口因為晚婚、少子、移民海外而迅速減少（塔塔集團董事長拉坦・塔塔也是單身）。根據二〇一一年的人口普查統計，帕西人口只剩6萬人，已消失在印度的主要宗教名單上（與其他宗教合併計算）。父母其中一方是異教徒的孩子，就不能算是帕西人，聖火也不可渡海，這些教義對已適應全球化的帕西人來說是個沉重的枷鎖。

第4章

生氣蓬勃的印度經濟

01 成長的印度經濟

成功自主發展的新興國家

近年來，印度作為經濟成長顯著的新興國家，以及擁有龐大消費市場的國家而受到矚目。

首先來看一下印度的經濟實力。

◎成為全球第三經濟大國

現在名目上的ＧＤＰ，印度是僅次於美國、中國、日本、德國的第五名，但是根據預估，印度應該很快就會超越德國和日本，成為全球第三的經濟大國。在購買力平價的ＧＤＰ當中，印度就是僅次於美國和中國的第三名，已經超越日本。

另外在平均每人ＧＤＰ裡，印度被歸類為中低收入國家，僅有大約２８５０美元（二〇二三年），水準少於中國的五分之一，兩國的經濟實力差距依然很大。而且，印度的國內經濟落差也很大。經濟雜誌的富豪排行榜當中，印度名列前茅，但國內還是有許多貧窮階層。

◎從農業走向服務業

在ＧＤＰ中占比最大、引領印度經濟成長的是服務業。長期以來，農業的占比減少，服務業的占比則日漸增加。

但是，大多數人口都集中在農村地區，農業依然擁有最大的勞動人口。也就是說，印度並不是在經濟發展的同時，從農業到工業、服務業的方式轉移經濟重心，而是仍有許多勞工留在農業，經濟重心直接從農業轉移到服務業。

◎「人口紅利期」的期望與課題

印度近年的經濟成長，並沒有造就足夠的工作機會，尤其年輕世代的就業機會更是個重大課題。政府把解決的重點放在發展製造業。今後，對經濟成長有利、在總人口中勞動人口比例偏高的「人口紅利期」，預估會一直持續到二〇四〇年。印度經濟正面臨是否能活用這個紅利的關鍵時刻。

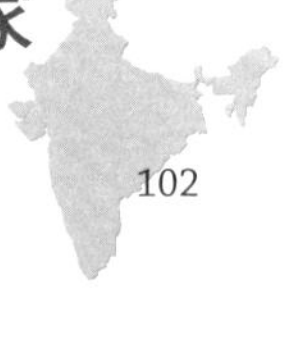

印度的GDP從二〇〇〇年代開始迅速的成長。
咦…可是平均每個人是2850美元…不是很少嗎？

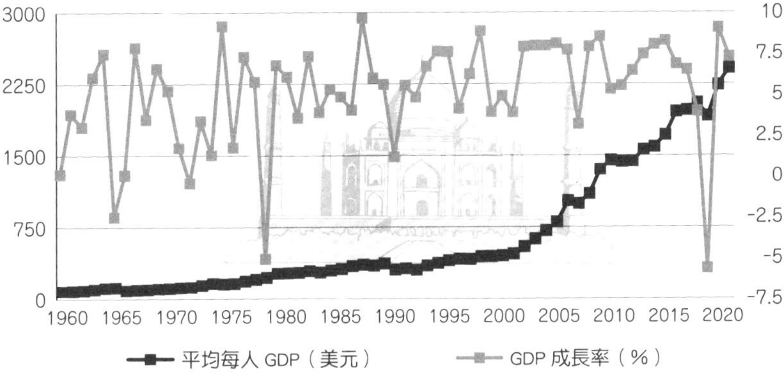
3000
2250
1500
750
0
10
7.5
5
2.5
0
-2.5
-5
-7.5
1960 1965 1970 1975 1980 1985 1990 1995 2000 2005 2010 2015 2020
平均每人 GDP（美元）
GDP 成長率（%）

可別忘了，印度的人口可是有14億喔。
消費力可是全球第三呢。
1 美國
2 中國
3 印度
4 日本
5 德國
好厲害！
比日本還強呢。
明明給人一種很窮的印象。
裡外都擠滿乘客的破爛公車
沒衣服穿的小孩
這也是現實的其中一面。
讓我們來看看真實的印度吧！

撰文：辻田祐子

02 從限制到自由

獨立印度的經濟政策，是以國家主導的五年計畫為基礎來營運經濟，採取高進口關稅和進口限制，以及長期保護和培育國內產業的「進口替代工業化」策略。結果，印度從火柴盒到原子彈，全都能夠依賴本國生產。

但是，以公營企業為主體的經濟營運，對民間企業活動有諸多限制，並實施複雜的許可制度，導致效率低落和成長幅度偏低。

◎走向經濟改革的過程

之後，從七〇年代到八〇年代，印度政府每次遇到政治經濟危機時都會放寬限制，不過都還在計畫經濟的容許範圍內。

印度開始大動作採取經濟自由化，是在九〇年伊拉克侵略科威特後引發的波斯灣戰爭。石油價格因此暴漲，在中東波斯灣沿岸各國工作的印度勞工轉送回國的資金驟減，使印度陷入國際收支危機。

一九九一年，政府向國際貨幣基金組織、世界銀行要求融資，開始推動經濟自由化。總體經濟在短期內得出了一定的成效，產業、貿易、金融等經濟改革都得以穩定發展。

◎「自力更生的印度」

一九九一年以後，國大黨政府、印度人民黨（BJP）政府都延續自由化路線。BJP政府還採取了公營企業民營化、勞動改革、外資限制等有利產業界的政策。

但是近年來，政府卻提高關稅、提出保護國內產業的政策，採取違反自由化的行動。印度在雷曼兄弟風暴後的全球金融危機和疫情中，都受到了嚴重打擊，但經濟成長幅度卻是近年全球之最。在二〇二〇年疫情時推出的「自力更生的印度」計畫，也考慮到了產業結構變化的必要性。今後印度的經濟發展值得關注。

印度在一九四七年脫離英國獨立了呢。
終於自由了！
我們要自力更生！
外國企業走開！
我了解這種心情。
但是好像不怎麼順利欸。
喘氣
一九六〇年代印度經濟很差。
雖然在一九八〇年代放寬限制了。
搖搖晃晃
不過效果似乎不好。
一九九〇年代才進入真正的轉型期，
採取經濟自由化。
笑容滿面
也歡迎外國企業喔。
哦哦！總算比較有活力了。
近年也還是有在努力追求自力更生喔。

撰文：辻田祐子

03 錯綜複雜的經濟關係

⊙貿易：進出口都增加，但貿易收支始終維持赤字。

依國別來看，印度與最大出口國美國的貿易是呈黑字，但與最大進口國中國的貿易則是擴大赤字。這也是印度脫離區域全面經濟夥伴協定（RCEP）的一個因素。

⊙經濟・貿易協定：經濟與貿易方面，印度與東南亞國家協會（ASEAN）等多個國家、新加坡、澳洲、阿拉伯聯合大公國，都簽訂了經濟合作協定、自由貿易協定、貿易通貨協定、優惠貿易協定。目前還在跟其他國家和機構協商中，今後簽訂協定的國家・地區預期會再增加。

印度與日本的全面經濟夥伴協定（CEPA）在二〇一一年生效，十年內印度從日本進口的90％、日本從印度進口的97％貨物得以免關稅。

⊙核能合作協議：二〇〇八年，印度與美國簽定民用核能合作協議，回歸國際核能市場。

策略式協定

印度與期望獲得本國龐大核能市場的各國，同樣都有缺電的問題，於是在二〇二二年以前，與包含日本在內的18個國家都簽訂了核能協議。

因此，印度的民生用核能相關設施，需要經過國際原子能總署（IAEA）的調查，不過在印度未簽署核武禁擴條約（NPT）和全面禁止核試驗條約（CPBT）的情況下，仍得以提供核能發電的燃料和技術。

⊙援助提供國印度：印度會對周邊的南亞各國、舊蘇聯、非洲各國提供援助。近年來，中國的「一帶一路」計畫在印度周邊國家支援建造的基礎設施明顯增多，自詡為地區盟主的印度也因此提出了各種抗衡的策略，例如在尼泊爾首都加德滿都的鐵路鋪設計畫，就是由中印兩國共同發表。

印度的貿易協定
智利（2007年）
※其他已公布的協定
印度・ASEAN全面經濟夥伴合作框架協定、印度・南方共同市場優惠關稅協定、南亞自由貿易區域
簽署完成
日本（2011年）
韓國（2010年）
馬來西亞（2011年）
澳洲（2022年）
不丹（2006年）
阿富汗（2003年）
新加坡（2005年）
模里西斯（2021年）
斯里蘭卡（2000年）
尼泊爾（2009年）
阿拉伯聯合大公國（2022年）
哇～
印度跟好多國家簽署了協定呢。
這是一種策略式的經濟外交。

撰文：辻田祐子

04 多元的地區經濟

主要城市和主要物產

採取聯邦共和制的印度，主要是以語言為基準來劃分28個邦、以首都德里為首的八個聯邦直轄區（二〇二三年資料）。語言、文化、飲食、生活模式和習慣，都會因地區而大不相同。

在經濟實力上也有國內差距，平均國民所得最高的邦與最低的邦，相差大約有十倍。

整體來說，西部和南部平均所得水準較高，除了德里首都圈和哈里亞納邦、旁遮普邦以外，印地語區的北部平均所得都偏低。

以下就來簡單介紹各個地區的經濟特徵。

◎**首都德里和西北部**：德里首都圈不只是「政治中心」，也陸續有外資進駐，在經濟上的重要性與日俱增。旁遮普邦和哈里亞納邦是印度的穀倉地帶。

◎**西部**：馬哈拉什特拉邦的孟買，是印度的央行印度儲備銀行，與亞洲最古老的證券交易所座落的金融中心。同邦的浦納則是發展工業和商業。古加拉特邦是印度屈指可數的工業區，果亞則是知名的觀光勝地。

◎**南部**：海德拉巴（泰倫加納邦）、邦加羅爾（卡納塔卡邦）、清奈（坦米爾那都邦）都是高科技產業和工業的中心城市。喀拉拉邦是觀光勝地，也有很多到海外就業的勞工。

◎**東部、東北部**：英國剛開始殖民時的據點是加爾各答（西孟加拉邦）。奧迪薩邦、賈坎德邦、恰蒂斯加爾邦都有豐富的礦產、地下資源。大吉嶺（西孟加拉邦）和阿薩姆（邦）則是世界知名的紅茶產地。

◎**北部**：印地語圈的人口稠密，但仍有開發落後的地區。再更偏北部的地方是喜馬拉雅山麓，山林裡有很多風光明媚的觀光勝地。

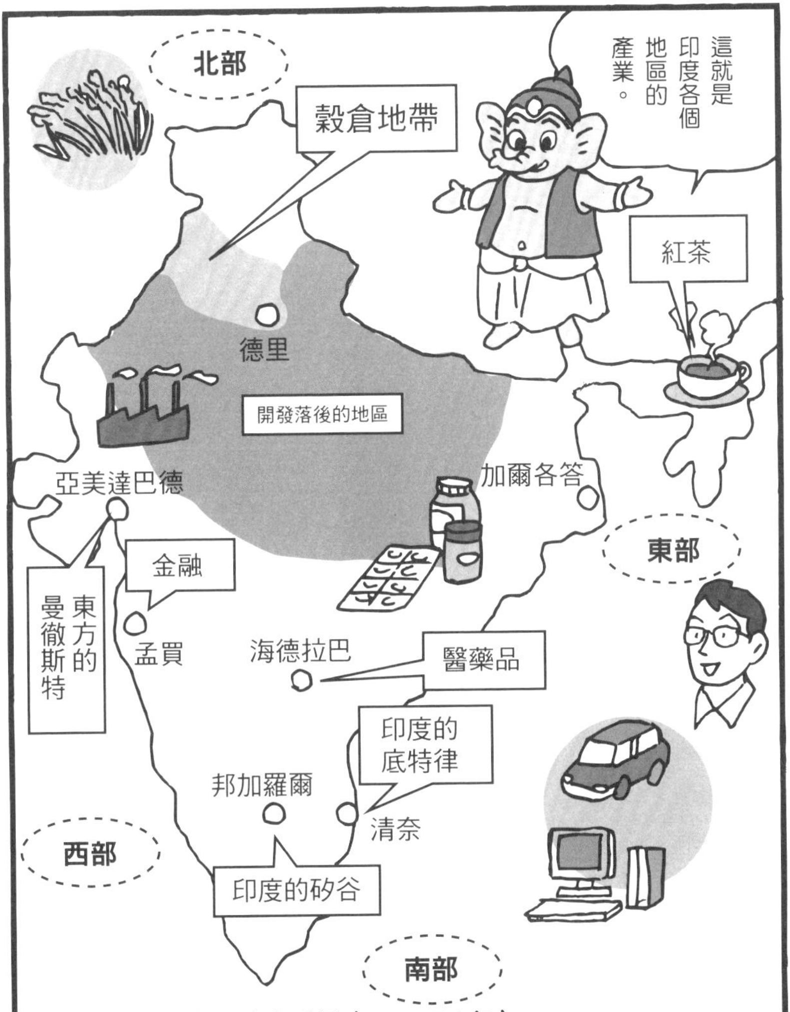
北部
穀倉地帶
這就是印度各個地區的產業。
紅茶
德里
開發落後的地區
亞美達巴德
加爾各答
東部
東方的曼徹斯特
金融
孟買
海德拉巴
醫藥品
印度的底特律
邦加羅爾
清奈
西部
印度的矽谷
南部

每人平均邦內生產毛額（2021/22年）

	印度盧比
德里	389,529
泰倫加納邦	270,839
卡納塔卡邦	265,623
坦米爾那都邦	242,253
馬哈拉什特拉邦	215,233
印度全國	148,524
比哈爾邦	54,111

撰文：辻田祐子

05 由稻米與小麥撐起的農業

糧食增產與管理制度

提到印度菜，大家最先想到的應該是咖哩和饢（發酵過的烤餅）吧。但是很可惜，一般印度家庭裡並不會出現饢。他們的主食是米和全麥麵粉做成的烤麵餅（稱作洽帕提或羅提）。全印度的餐桌上都會有種類豐富的小麥和米料理。

印度的穀物生產，與各地的氣候和灌溉普及程度有關。在氣候偏涼、灌溉發達的西北部種小麥，乾燥的西部內陸則是種雜糧，雨量豐沛的東南部種稻米，中部、南部則主要是種豆類和油用種子。

⊙以國內儲備最為優先

印度在殖民時代曾多次發生飢荒，因此糧食自給一直都是重要的課題。政府引進高產量品種和提供電力、水、化學肥料補助，幫助提高穀物產量。現在印度的糧食自給率很高，也是稻米和小麥的出口國。但是，基於政治因素，這些糧食會優先確保國內儲備更勝於出口。政府頒布「糧食安全保障」法，保證會以高於定價的價格向農家收購稻米和小麥，再透過全國售價公正的商店便宜提供給消費者。

近年來，印度的飲食生活隨著收入水準提高而改變。印度也是日本熟悉的奶茶、拉西等乳製品需要的牛乳生產國，目前正逐漸成為消費國。此外，因民生食用油的需求增加，國內生產供不應求，所以大多仰賴進口。

⊙農業部門的課題

農業部門現在擁有印度最多的勞動人口，提高多數小農和沒有土地的農業勞工的收入，依然是目前重要的課題。

近年來，政府雖然提出包含農作物自由交易、促進契約農業的農業結構改革和自由化法案，但目前遭到農民強烈反對而受阻。

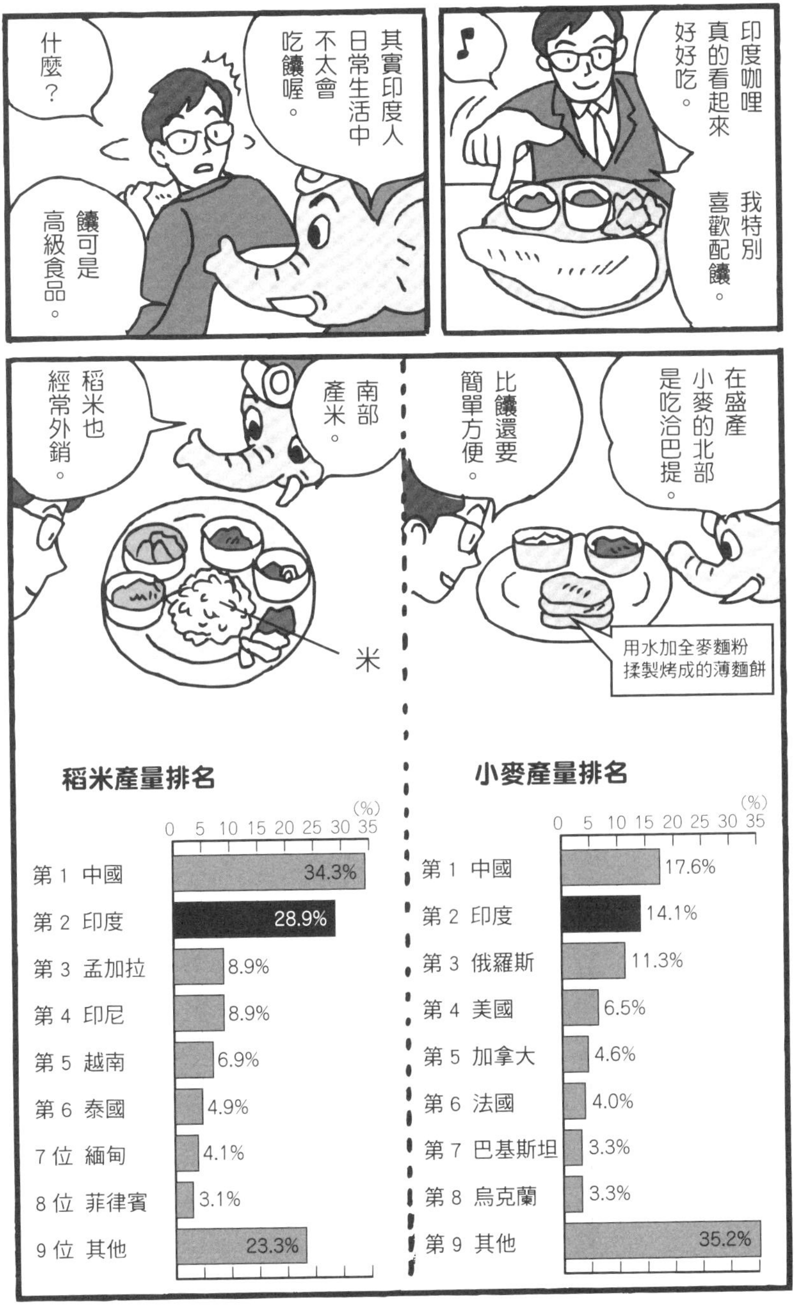
印度咖哩真的看起來好好吃。
我特別喜歡配饢。
其實印度人日常生活中不太會吃饢喔。
什麼？
饢可是高級食品。
在盛產小麥的北部是吃洽巴提。
比饢還要簡單方便。
用水加全麥麵粉揉製烤成的薄麵餅
南部產米。
稻米也經常外銷。
米
小麥產量排名
(%)
0 5 10 15 20 25 30 35
第 1 中國 17.6%
第 2 印度 14.1%
第 3 俄羅斯 11.3%
第 4 美國 6.5%
第 5 加拿大 4.6%
第 6 法國 4.0%
第 7 巴基斯坦 3.3%
第 8 烏克蘭 3.3%
第 9 其他 35.2%
稻米產量排名
(%)
0 5 10 15 20 25 30 35
第 1 中國 34.3%
第 2 印度 28.9%
第 3 孟加拉 8.9%
第 4 印尼 8.9%
第 5 越南 6.9%
第 6 泰國 4.9%
7 位 緬甸 4.1%
8 位 菲律賓 3.1%
9 位 其他 23.3%

撰文：辻田祐子

06 指日可待的工業

印度的經濟結構中，農業在GDP的占比下降，而占比上升的並非工業，而是服務業。工業停滯的原因，在於過去針對中小企業的政策排除了以生產消費財為主的輕工業、僵化的勞動法、土地徵收困難、受過基礎教育的勞工人數不足等等。

⊙印度製造

過去聯邦政府一直都會推出製造業的振興方案。目前的政府為了提高製造業的年成長率、創造就業機會、達成占GDP比例的具體目標，提出了「印度製造」的口號。支援對象並非在製造業中占了絕大多數的中小企業，而是以大企業為主。

此外，印度政府也宣布要大力扶持國內的半導體產業。

⊙製藥業：印度是全球最大的通用名藥物供應國，最大的出口對象為美國。

一九七〇年代，印度實施了承認方法專利、不承認物品專利的專利法，印度國內為了用替代方法製造先進國家的新藥，而出現了開發競爭。

政府設定必需醫藥品的價格上限，也促進了低成本產品的開發。

於是，擁有成本競爭力的印度企業，在經濟自由化以前便強化了產品出口意願。

⊙疫苗：印度是全球最大的疫苗生產國，也是出口國，並且在疫情爆發後又再度獲得全球關注。

印度成功開發出多種國產新冠疫苗，不僅實施了全民接種，印度企業還與歐美企業合作製造、透過國際性統一購買分配的協議「冠狀病毒病疫苗實施計劃」，為發展中國家提供疫苗，印度政府也無償提供疫苗給低所得國家。

印度製造業的概要

各產業國內生產毛額 ※2022/23 年度

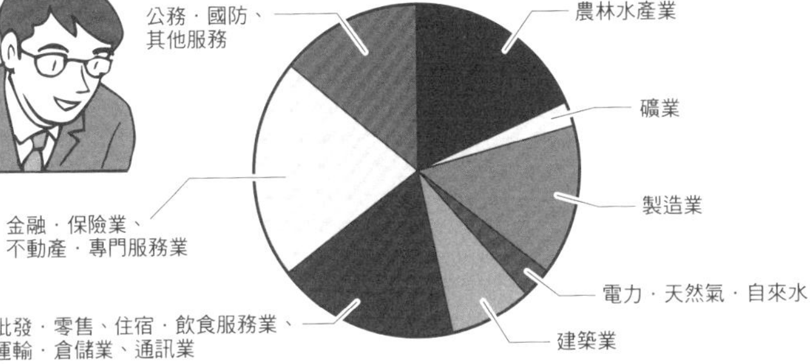
農林水產業
礦業
製造業
電力・天然氣・自來水
建築業
批發・零售、住宿・飲食服務業、
運輸・倉儲業、通訊業
金融・保險業、
不動產・專門服務業
公務・國防、
其他服務

出口（100 萬美元）※2021～22 年

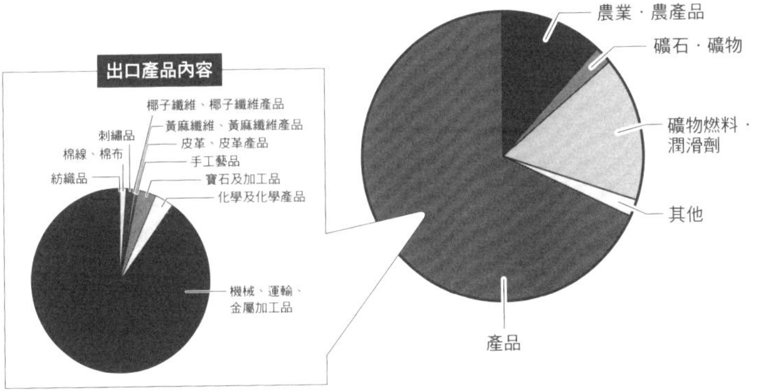
農業・農產品
礦石・礦物
礦物燃料・
潤滑劑
其他
產品
出口產品內容
椰子纖維、椰子纖維產品
黃麻纖維、黃麻纖維產品
刺繡品
皮革、皮革產品
棉線、棉布
手工藝品
紡織品
寶石及加工品
化學及化學產品
機械、運輸、
金屬加工品

勞動人口（％）※2022/23 年度

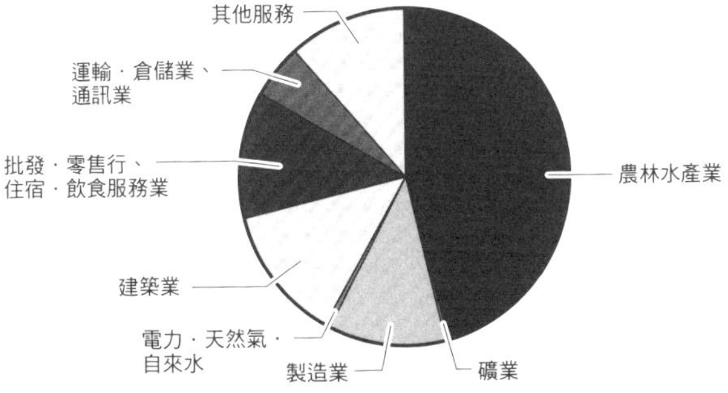
其他服務
運輸・倉儲業、
通訊業
批發・零售行、
住宿・飲食服務業
建築業
電力・天然氣・
自來水
製造業
礦業
農林水產業

撰文：辻田祐子

07 牽動經濟成長的服務業

氣勢十足的不是只有資訊科技

在印度ＧＤＰ裡擁有最大占比的類別是服務業，其中提到印度會最先聯想到的，應該就是資訊科技業了。

◎**資訊科技業務流程管理（IT－BPM）產業**：印度的國際收支當中，服務業的收支黑字都要歸功於軟體服務。

印度最早是從美國企業的外包廠商起家，將英語能力、在國際上屬於低酬的眾多工程師人才逐漸發展成強項。

印度的IT－BPM主要是向歐美出口的產業，國內的據點是以邦加羅爾、清奈、海德拉巴等南部大城為中心。印度國內也設有以印度企業、歐美企業為中心的跨國公司，和跨國公司的研究開發據點。

◎**零售業**：印度的城市地區有購物中心林立，但零售業大多數還是以家族經營的個體零售商店為主。除了自家附近店面狹窄但食品、嗜好品一應俱全的雜貨店以外，街頭也會有兜售日用品和雜貨、載著蔬菜的貨車，傳統的流動商販依然健在。

政府對零售業的外資限制，主要就是為了保障這種個體戶的中小型業者。

另外同樣為了保障個體權益，近年增加的網路購物通路也會限制供應商。

◎**通訊業**：手機在印度的普及率已經超過八成，但是各邦、都市農村之間的落差依然很大。

包含提供給低收入戶的廉價方案在內，印度的通訊月租費大多很便宜。通訊業者之間的價格競爭十分激烈。

二〇二二年，第五代行動通訊技術（５Ｇ）開始啟用。今後５Ｇ網路有望隨著覆蓋率擴大、低廉的月租費、便宜手機而迅速普及。

印度的服務業很強勢呢。
GDP的占比有六成。
服務業
近年來成長最多的產業是IT・BPM。
IT・BPM？
B 業務
P 流程
M 管理
例如海外的電話客服中心、後勤辦公室都會外包給印度。
因為印度很多人會說英語。
對喔！
比起在自己國家設立電話客服中心成本更低。
Hello～
而且印度與美國、歐洲的時差剛剛好，
甚至可以開放深夜時段的客服。
這是優勢呢！

撰文：辻田祐子

08 印度的知名企業①從老字號到新興財團

塔塔、比爾拉、信實工業、阿達尼

在印度，有五十個以上由特定家族所掌握、家族經營的財團。

◎有力財團的崛起

在印度獨立以前創立的財團，有塔塔財團和比爾拉財團。塔塔家族在印度是名為帕西人的祆教徒，十九世紀上半葉，財團創辦人賈姆希德吉・塔塔（Jamsetji Tata）從棉花貿易起家，在印度獨立以前建立了棉花業、鋼鐵業、發電廠，是支撐印度獨立的民族資本。如今塔塔財團是以鋼鐵、汽車為主要企業，子公司有一百家以上。現在的財團董事長是第八代，也是第三位沒有繼承創辦人塔塔姓氏的董事長。

比爾拉財團是來自馬瓦里的商業社區。在印度獨立以前，創辦人G・D・比爾拉（G. D. Birla）從纖維工業開始推展出多元事業。創辦人與印度獨立之父莫罕達斯・甘地交情甚篤，甘地就是在德里的比爾拉邸遇刺。隨著創辦人退休，財團也在家族中分裂。

在七〇～八〇年代迅速崛起的，是來自古加拉特邦的德魯拜・安巴尼（Dhirajlal Ambani）創辦的信實工業。創辦人去世後，財團業務由兄弟分拆經營，其中繼承了石油化學、石油精製、零售業的哥哥穆克什・安巴尼（Mukesh Ambani）的發展格外耀眼。後來他也加入了弟弟安尼爾（Anil Ambani）的通訊業，與之競爭。哥哥是在孟買市中心一流地段擁有十七樓超高豪宅的知名富豪。

◎新興財團迅速成長？

近年來迅速成長的新興財團，是由高塔姆・阿達尼（Gautam Adani）率領的阿達尼集團。他從貿易公司起家，在九〇年代後半投入建設印度第一座民間商業港口、古加拉特邦的蒙德拉港，以及發電廠等等，在各方面拓展業務。他曾一度榮登經濟雜誌上全球第二名的富豪。不過在二〇二三年，他因長年操控股價和會計假帳嫌疑而成為媒體焦點。

在印度經常看到「TATA」這是指塔塔財團吧。
孟買的泰姬瑪哈酒店原來也是塔塔財團旗下的！
TATA
塔塔家族是從殖民時代就以孟買為據點的老字號財團。而且他們很積極併購，是個還在繼續壯大的大企業集團。
除了塔塔以外，比爾拉、信實工業等財團也都足以撼動印度經濟。
TATA製電燈
TATA製服裝
TATA製椅子
TATA製桌子
TATA製茶葉
印度人民的生活少不了他們呢。

撰文：辻田祐子

09 印度的知名企業②知識密集型產業

引領印度的資訊科技服務

代表印度的ＩＴ－ＢＰＭ產業當中，是由塔塔財團旗下業界最大的塔塔諮詢服務（ＴＣＳ）為大宗，其次是由在八〇年代納拉亞納・穆爾蒂（Narayana Murty）等一群工程師創立的印孚瑟斯（Infosys）領軍。除此之外，威普羅（Wipro）、ＨＣＬ技術、馬辛達國際科技這些企業，也都在主要交易對象歐美，以及日本設有據點。

◎醫藥品的有力企業

醫藥品方面，太陽製藥是印度最大的製藥公司，為全球少數生產通用名藥品的廠商。印度血清研究所則是全世界最大的疫苗生產商。這些企業的創辦人全都在經濟雜誌的印度富豪排名上名列前茅。

◎新創企業

在美國民間調查機構公布的新創企業支援環境（新創生態系統）全球排名當中，印度例年來都是在二十名前後。

印度的獨角獸企業（創業十年內，企業預估價值在一定程度以上，未上市的新創企業）數量在世界也是屈指可數。在電子商務、金融科技、健康照護、SaaS（軟體即服務，透過網路為使用者提供軟體服務）等各個領域，都不斷有新企業創立。

印度的城市地區因此受惠，可以使用ＡＰＰ和二維條碼的服務比日本還要更豐富。

印度的創業家很多都是畢業於國內頂尖工科大學，或是歐美、國內的頂尖商學院。在國內外投資者的支持下，今後肯定會有更多值得關注的企業登場。

◎太空探索

二〇二三年八月，印度發射的無人月球探測器登陸月球南極，向全世界展現其太空探索的技術實力。太空探索是由國家研究機關主導，不過近年來，也逐漸有民間企業加入太空科技。

印度的財團

印度三大財團

TATA	鋼鐵、運輸機器、電力、貿易、資訊科技等
BILRA	纖維、水泥等
RELIANCE	石油化學、化學纖維

其他老字號財團

BAJAJ	汽車、鋼鐵、砂糖、家電等
GODREJ	不動產、日用品、工業用品等
MAHINDRA	商用車、牽引機、特殊鋼等
MODI	化學產品、日用品等
ESSAR	鋼鐵・石油、通訊・電力等

新興・潮流集團

INFOSYS	資訊科技服務、顧問等
MALLIYA	啤酒、威士忌、食品等
WIPRO	資訊科技服務等
BHARTI	通訊、資訊科技服務等
DLF	不動產開發等

從以前就開設的小雜貨店也還很有存在感喔！

撰文：辻田祐子

10 環境問題的處理

對策需要有大規模投資

印度不只是經濟成長，也急需考慮到環境。印度最早在一九八〇年代就已經設立了環保署，也制定了環境保護法。設立的起因是一九八四年，中央邦博帕爾的殺蟲劑工廠發生了毒氣外洩事故。當時官方公布的數據當中，包含附近居民的傷亡人數，至少上看數萬人，非常嚴重。

如今，印度還要面對氣候變遷、空氣污染、土壤污染、水資源不足和水質污染、垃圾問題、森林保護等諸多環境問題。

◎從環境訴訟找出對策

印度的環境對策有一大特徵，就是司法的積極性。一般民眾有權利將危害公共利益的現象，直接告上最高法院或高等法院，甚至因此發展成環境訴訟的例子也不少。例如首都德里的空氣污染問題，就是將公車、電動三輪車的燃料從汽油和石腦油換成壓縮天然氣。

◎NGO和社會運動

NGO和社會運動的作用也不可小覷。最著名的例子，就是喜馬拉雅地區的居民，尤其是女性會抱住樹幹，以象徵保護森林避免過度商業砍伐的抱樹運動。這個運動後來也影響了礦山開發和水壩建設的反對運動。

◎目標是二〇七〇年以前歸零

現在，印度政府針對氣候變遷，提出了在二〇七〇年以前「將溫室效應氣體排放量歸零」的目標。

但是，印度人口預估今後會持續增加，能源需求也會擴大。目前燃煤發電廠的占比較大，政府正推動引進風力、太陽能發電，但可再生能源的轉換需要大規模的投資才能成功。

這陣煙是？
這是策略燒除。
咳
例行實施策略燒除的地區會燒掉相當於日本國土面積的森林。
相當於日本國土的面積……
咳
這也是空氣污染的一個原因。
除了經濟發展以外，也有其他空氣污染的原因啊。
慶典的煙火
工廠
交通
目前已經有限制，也增加再生能源來因應了。
司法處理也很積極，環境訴訟也變多了。

撰文：辻田祐子

11 連結廣大國土的交通

發達的交通網路

印度的交通方式有四輪車、二輪車、電動三輪車、人力車、自行車等各種選項。

近年來，在城市看到電動汽車（EV）和電動人力車的機會也變多了。不過，在幅員廣闊的印度國內移動，飛機和鐵路依然不可少。

⊙**航空**：印度獨立後，航空業國有化，國際線由印度航空、國內線由印度人航空長年壟斷。

經濟自由化以後，民營航空公司才加入市場，接著政府也開放外資持有股份。國營航空公司皆合併成為印度航空，不過後來政府已出售股份。

現在包含低成本航空在內，印度有多家民營航空公司營運連結國內、國際機場的多條航線，一年航空旅客數也增加到世界罕見的水準。

⊙**鐵路**：印度作為英國殖民地時，比日本（一八七二年）還要更早，在一八五三年就開通了來回孟買和塔那的鐵路，從此以後，英國資本和各地土邦便開始擴張全國的鐵路網。

印度獨立後，鐵路也國有化。現在，印度鐵路路線的總延伸距離為全球第四長，年間鐵路旅客載運量則是與中國競爭世界第一。鐵路是民眾重要的交通方式，除了觀光用的豪華列車以外，票價也考慮到低收入階層，因此設定得相當低廉。

近年面臨財政困境的印度國鐵，為了更新成現代化的鐵路基礎設施，才開放民間資本加入。

在印度與日本的關係方面，為了建設日本式高鐵而徵收的土地，已在二〇二四年全部徵收完畢。

⊙**都市交通網**：城市地區的捷運（市中心為地下鐵）建設正火速進行中。從一九八四年開通的加爾各答地鐵開始，包括有日本支援的德里等地區，現在全國已有十六個城市區域有捷運行駛。

現在，也有很多城市正在建設捷運，今後也會繼續整頓都市交通網。

印度的主要交通樞紐

國際機場
主要港口
英迪拉．甘地國際機場（德里）
坎德拉港
內塔吉．蘇巴斯．錢德拉．鮑斯國際機場
（加爾各答）
加爾各答港
霍爾迪亞港
帕拉迪普港
賈特拉帕蒂．希瓦吉．馬哈拉傑國際機場
（孟買）
孟買港
賈瓦哈拉爾．尼赫魯港
維沙卡帕特南港
拉吉夫．甘地國際機場
（海德拉巴）
莫爾穆加奧港
新門格洛爾港
（門格洛爾）
恩諾爾港
清奈港
坎皮高達國際機場
（邦加羅爾）
清奈國際機場
科契港
（科契）
杜蒂戈林港

印度的鐵路歷史很悠久呢。
年間載運量是世界第一！票價又便宜，對人民生活幫助很大呢。
印度的鐵路票價便宜，是因為多數人民都是低收入階層。
這樣他們才能搭得起。而且也能避免人民批判政府。

撰文：辻田祐子

12 擴大的能源消費量

最大的課題是電力不足

現在，印度是全球第三大能源消費國。但平均一人的消費量，卻不到全球平均的一半。

最重要的能源是煤炭。印度有豐富的煤炭資源，對進口的依賴最多只有供應量的三成左右，比石油和天然氣要低。

◎民營化後處於赤字狀態

印度在發展過程中，經常有電力不足的問題。

政府從九〇年代開始投入電力改革，鼓勵民間投資建設發電廠，進行各邦電力公司輸電、發電、配電部分的分割，和費率體系改正等經營改革。

但是，漏電和偷電這些技術上的問題，以及電費徵收不澈底，導致經營改革還在調整中。尤其是政治方面的考量，很多邦都是免費提供電力消耗量大的農業用電，讓這些邦電力公司難以擺脫赤字問題。

◎電力不足已改善

不過，電力需求與供給的落差正逐漸縮小，電力不足的情況已經改善。農村電氣化也在進行中，未供電的家庭愈來愈少。

但是，很多地區和家庭平常還是會停電，穩定的電力供給依然是個很大的課題。今後隨著人口增加、工業化、都市化，電力的需求也將會更高。

◎轉換成可再生能源

隨著能源消耗量擴大，印度成為全球第三大二氧化碳排放國。

為了因應嚴重的空氣污染和氣候變遷，印度急需轉換成可再生能源，目前正轉換成太陽和風力發電、活用生物燃料、改用電動汽車等等。

啊～
又停電了～
啪
點燃
很有情調吧。
浪漫唯美～～
只是吃飯就算了
要是一直缺電的話
會影響工作啊。

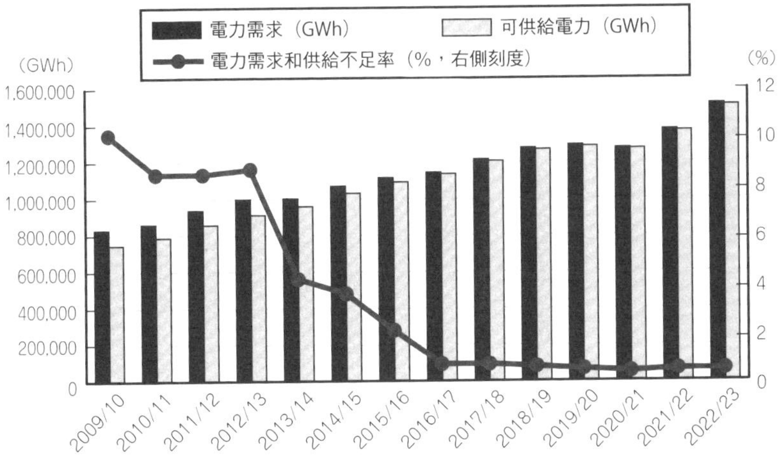
電力需求（GWh）
可供給電力（GWh）
電力需求和供給不足率（%，右側刻度）
（GWh）
（%）
1,600,000
1,400,000
1,200,000
1,000,000
800,000
600,000
400,000
200,000
0
12
10
8
6
4
2
0
2009/10
2010/11
2011/12
2012/13
2013/14
2014/15
2015/16
2016/17
2017/18
2018/19
2019/20
2020/21
2021/22
2022/23

撰文：辻田祐子

13 問題多多的物流

印度的物流績效指數（世界銀行資料）在140個國家當中排名第38（二〇二三年），尤其通關和基礎設施的分數有偏低的傾向。

◎運輸以陸運為主流

印度的運輸管道中，占比最大的是陸運（道路），仰賴成本相對較高的陸地運輸方式。因此，國家物流政策（二〇二二年）的目標，是降低物流成本。

道路的總延伸距離當中，約七成是農村道路。國道、邦道的總延伸距離年年增長，但都只占總距離的2～3％而已。

同樣是高速公路，有鋪設狀態良好、很少堵塞的路段，也有四輪車、三輪車、駱駝、牛車等貨車並行的路段。車輛行駛在市區和村莊裡，也不時會遇上試圖穿越道路的當地居民。

此外，鋪設不全、排水不良的道路上，容易因為降雨而塞車或無法通行。而且在特定季節或地區，慶典、朝聖者、婚禮的新郎迎娶隊伍、家畜大遷徙還會占用道路，在印度行車必須做好心理準備。

耗費大量時間的工業走廊開發

◎基礎設施的建設與土地登記制度

目前全印度共有十一條工業走廊正在開發，各邦也有自行開闢的走廊。包含經濟特區和工業區的開發、港口和機場建設、連結各設施的高速公路和鐵路建設、物流網的建構在內，這些工程都是以產業發展及其基礎設施為中心。

而在作為開發前提的土地登記制度當中，很難確定土地的權利關係。

此外，包括土地徵收相關的法律，都已經明定徵收土地的程序、收購價格、補償方案，但政府和公家機關仍需要時間向土地所有者徵地。

印度的物流整頓計畫

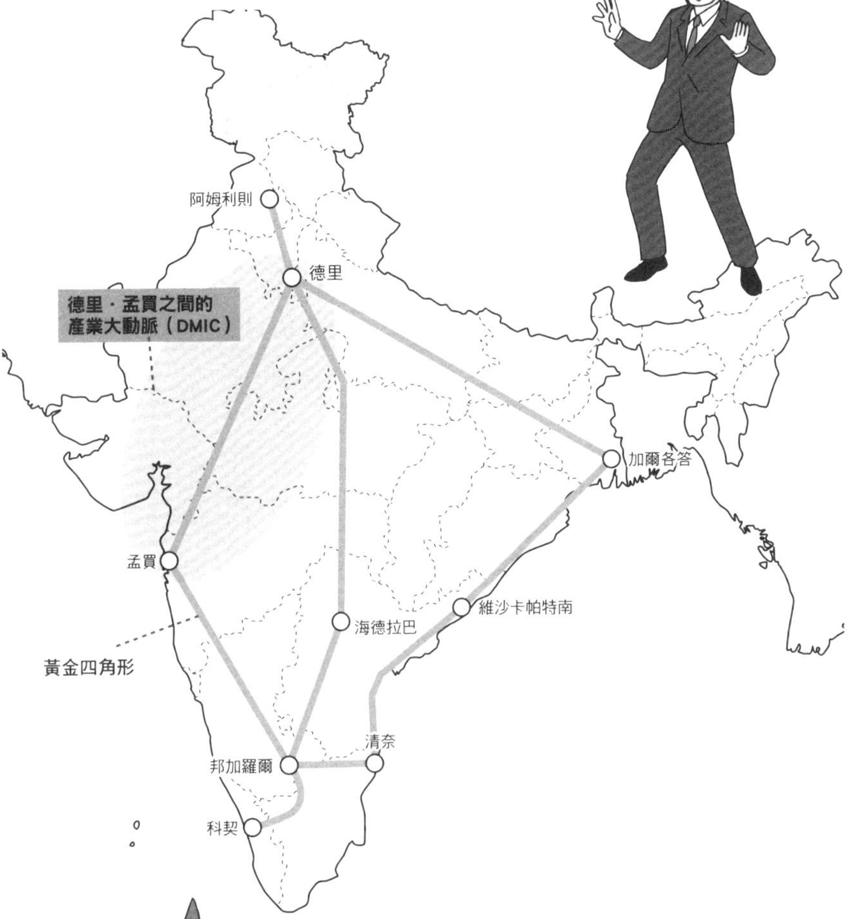
阿姆利則
德里
德里・孟買之間的
產業大動脈（DMIC）
加爾各答
孟買
維沙卡帕特南
海德拉巴
黃金四角形
清奈
邦加羅爾
科契

撰文：辻田祐子

14 大批年輕勞力

有著大批勞力，工作機會卻有限

二〇二三年，印度人口超越中國、成為世界第一，預估今後也會繼續面臨人口增加的問題。

印度總人口約14億當中，大約有一半都是三十歲以下的年輕世代。印度邁向勞動人口在總人口占比偏高的「人口紅利」時期，有望促進經濟成長。

◎缺乏就業機會

但是，經濟成長卻沒有創造出足夠的就業機會，印度的經濟常常被形容成「無職缺成長」。尤其是非農業部門，更是缺乏工作機會。因此，就算每年基本上都有1000多萬名年輕人投入就業市場，卻仍有失業率很高的問題。也有不少人從一開始就放棄求職，直接離開就業市場。

印度現在擁有最多勞力的依然是農業。雖然女性的教育水準提高，加上出生率下降，但勞動力參與率依然非常低落。

教育水準提高，導致相應的職缺競爭也跟著變得激烈。穩定的聯邦、邦政府公務員職位，每年都有大量人數應徵，儼然是場大混戰。

◎修正勞動法的實施尚未定案

話說回來，公家機關因為財政惡化，不給付年金的約聘職缺愈來愈多。軍隊招募也從二〇二二年起改成為期四年的約聘制。於是，有九成的勞工是在沒有社會保障、聘雇合約、帶薪休假這些福利的狀態下擔任非正式員工，勞工權益也受到質疑。

二〇一九～二〇二〇年，印度的二十九部聯邦勞工法當中，有四部經過改編、制定為修正勞工法。修正內容包括放寬員工解聘和人員重組、關閉事業的相關限制，罷工的程序和必備條件，廢除女性深夜勞動的禁令，以及社會保障方面的改正。修正的重點大致在於減少經營者的勞務程序和成本。

這是日本和印度的人口金字塔結構。
印度的平均年齡好年輕！
印度
日本
男性
女性
男性
女性
平均年齡30歲
平均年齡50歲
三十歲以下的年輕人占了一半以上。
開始工作囉~
…可是
NO.!
公司
能到勞動條件完善的公司裡上班的人很少。
要解雇人很麻煩，乾脆就不要雇人算了。
罷工也是很麻煩。
老闆都會這樣想呢。
結果很多人都不是正式員工，而是以派遣員工的形式工作。
人力仲介
公司

撰文：辻田祐子

15 經濟社會階層與市場

談到印度，大家最常有的一個問題，就是「他們現在還有種姓身分或階級制度嗎」。

⊙種姓與經濟階層

到達了某種教育程度的大城市印度人，或許會回答「種姓制度已經消失了」。

確實，獨立後頒布的印度憲法當中，明文規定禁止種姓歧視行為（但並未廢除種姓制度）。隨著民眾在城市地區外出用餐的機會增加，愈年輕的人愈不抗拒和不同種姓的人一起吃飯。而在農村地區，職責與世襲職業緊密連結的種姓制度，也正逐漸消失。

但是，同種姓之間的相親結婚至今依然占了大多數。而種姓階級與經濟階層之間也有一定的關聯，也就是說，下級種姓的經濟能力依然偏低。

現在，種姓還是為印度的社會生活和印度人的觀念，建立起秩序和基準。

受到矚目的中產階級

⊙中產階級的興起

近年來，和種姓等社會階層同樣最受矚目的是經濟階層，尤其是中產階級。

印度的中產階級並沒有嚴格的定義。市場動向調查中對年間家庭所得的定義也不盡相同，不過應該可以說，中產階級就是有熱烈消費意願的階層。預估印度今後的經濟發展，將會促使擁有消費力的中產階級更加興起。

中產階級之所以最受矚目，不只是出於「象徵了龐大消費市場的希望」這個經濟上的理由。

他們「率先適應歐美文化和生活模式」，為印度社會帶來變化，而且以北印度為中心「有眾多支持印度教成為國教的人」，在政治上有很大的發言影響力，這些都不容忽視。

這就是印度的經濟階層變化。
2005～06年
2009～10年
0%
20%
40%
60%
80%
100%
富裕階層
中產階級
低收入階層
這是印度的貧民窟。
低收入階層就是住這裡吧。
這邊是富裕階層的豪宅。
差距也太大了！
近幾年中產階級不斷增加，
英語流利有高學歷。
這些人都在城市工作。
有消費力的中產階級興起，為印度經濟帶來了新希望。

撰文：辻田祐子

16 貧窮與經濟差距

近年來，印度成為經濟成長顯著的新興國家而受到矚目，卻也面臨貧窮和經濟差距的問題。在主要城市，每當有海外要人來訪印度時，媒體都會報導政府強制撤除或設法掩蓋貧民窟的消息。隨地躺臥的遊民、纏人的乞丐會因此暫時消失在大城市街頭。

整體來說，印度人的平均生活水準提高，但貧窮依然存在。

根據世界銀行的資料，在一九七〇年代以後的印度，依所得和消費計算得出的貧窮指標雖然有了改善，但是到二〇一〇年代後半卻停滯不前。疫情更是加重了貧困的現象。國民所得和資產的差距並未矯正，貧富差距依舊很大。

◎教育和收入造成的貧富差距持續擴大

印度的教育和保健數據有改善的傾向，但城鄉、男女、邦與邦之間的國內差距依然很大。由於教育和保健的公家機關並沒充分發揮作用，因此所得愈高的階層，就有愈有能力去使用民間機構的服務。例如，義務教育年齡（六～十四歲）的就學率上升，但富裕階層大多選擇從幼稚園就進入私立學校就讀。學生就讀的學校會因家庭的經濟能力和社會階層而異，從小就跟家庭環境相近的孩子們一起受教育。

與其說是透過教育來矯正差距，反而是透過教育造就更多的差距。

◎童工問題

此外，印度還有童工的問題。二〇一六年，印度修正兒童勞動相關的法律，禁止所有職業雇用未滿十四歲的小孩，危險職業和工程則禁止雇用未滿十八歲的青少年。童工常見於北印度的印地語邦，多為女生，通常出現在磚窯廠、織地毯、製衣、家事、飲食、農業、漁業、礦業等產業。在疫情期間，低收入戶的童工狀況更加惡化，需要長期投入才有望改善。

路邊有人躺著…
還帶著小孩…
是乞丐…
只要走上街就一定會遇到呢。
施捨點…
但已經比以前少很多了。
真的假的!?
因為他們沒有好好受教育，
也沒辦法讀寫文字。
於是就愈來愈窮。
根本是惡性循環。
農村地區的貧戶比例更多…
跟富裕階層的差距愈來愈大了。

撰文：辻田祐子

17 經濟支援

印度其實是援助國

政府開發援助的金額占印度財政的比例，比起外國直接投資和個人匯款要少很多。印度政府雖然是被援助國，但同時也會援助他國。政府在二〇一五年度，宣布印度已成為援外額高於受援額的國家。

近年來，在對印度的直接援助當中，日本是最大的援助國。與無償資金和技術支援相比，需要清償的日圓貸款占比要高上許多。援助重點在於建造基礎設施和強化產業競爭力。

⊙NGO：印度的NGO活動有悠久的傳統。各個宗教都會投入慈善事業，在脫離英國獨立運動時期也盡了一分心力，在人民心中奠定了對非政府組織活動的基本理解。

國際知名的反對水壩建設、森林保護活動，也都有組織性的運動支持。NGO在這些活動的作用很大，也能一定程度影響政策。

印度全國總共約有330萬個NGO・人民社會組織（CSO）。

但另一方面，NGO也會受到政府法規限制。例如根據人民團體法，NGO必須註冊為活動團體。此外，如果組織會收受外國資金援助，則必須依照國外捐助註冊法案（通稱FCRA）開設銀行帳戶。

近年來，政府對FCRA的延長申請縮緊了限制，進而影響了NGO的活動。

⊙CSR：印度企業的社會責任（CSR）活動，最早可以追溯到殖民地時代。

而且根據二〇〇三年的公司法，一定規模以上的企業必須將最近三年會計年度當中淨收入的2％以上，用在CSR活動上。目前有保健・衛生、教育・障礙・生計支援、環境・動物福利・資源保護等十四個領域的活動正在實施。

哦，是德里的捷運。
這個捷運是靠日本的支援建成的。
日本對印度的援助是全世界最多。

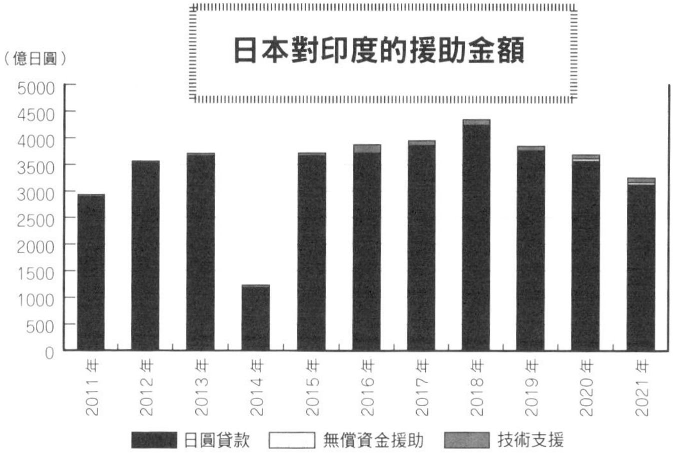
日本對印度的援助金額
（億日圓）
5000
4500
4000
3500
3000
2500
2000
1500
1000
500
0
2011年
2012年
2013年
2014年
2015年
2016年
2017年
2018年
2019年
2020年
2021年
日圓貸款
無償資金援助
技術支援

企業的社會責任（CSR）活動也義務化了。
日本企業也會在印度進行CSR活動喔。
是行動圖書車欸。
很努力在幫助印度的孩子們呢。

撰文：辻田祐子

18 股票與不動產

個人投資也能受惠嗎？

現在，印度有好幾個證券交易所在進行股票交易。其中最具代表性的是設立於一八七五年、歷史悠久的BSE（孟買證券交易所），與設立於一九九二年的NSE（印度國家證券交易所），兩者皆位於孟買。BSE的上市企業數量多於NSE，但NSE的交易量比BSE高。

◎印度的股票市場

印度的股票市場規模比債券市場要大，主要股價指數為在BSE上市的30家企業構成的SENSEX，以及在NSE上市的50家企業構成的Nifty50。

兩個股價指數在二〇二〇年疫情爆發後曾一度暴跌，不過很快就回升，之後每年都創下歷史新高。

印度企業（印孚瑟斯）在一九九九年首度在美國納斯達克上市。直到二〇二三年末為止，共有14家印度企業在美國上市。

◎智慧城市任務

不動產是印度迅速成長的領域。隨著人口增加和人口流入城市，導致住宅數量不足，全國城市地區的房價都持續上漲。

近年來，印度政府除了在大城市地區以外，也在中小型城市推動智慧城市任務，包含整頓基礎設施、打造可持續綠色經濟的環境、數位化在內，致力於讓所有城市居民都能過著富庶的生活。

根據聯合國預估，二〇三五年以前印度會有四成的人口居住在城市地區，建設住宅和考量居民的環境整頓是當務之急。

現在，印度藉由處理土地等固定資產賺錢的不動產業，目前是禁止外資加入。

但另一方面，建設方面卻可以開放百分之百的外資進駐，包括日本在內的外資不動產企業，皆已進駐印度的鎮區、住宅、商業設施的開發和建造。

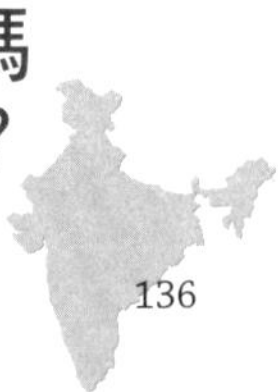

SENSEX圖表

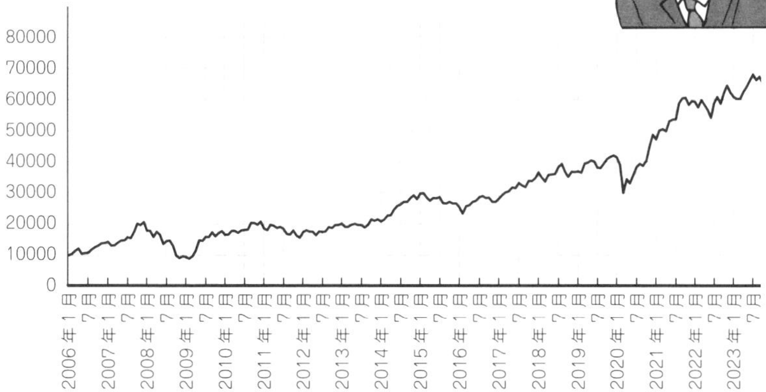

BSE SENEX股價指數三十家企業

企業名	業種	企業名	業種
Asian Paints	塗料	Mahindra & Mahindra	汽車
AXIS Bank	金融	Maruti Suzuki India	汽車
Bajaj Finserv	理財	Nestle India	快速消費品
Bajaj Finance	理財	NTPC	電力
Bharti Airtel	通訊	Power Grid Corp of India	電力
HCL Technologies	資訊科技	Reliance Industries	能源
HDFC Bank	金融	State Bank of India	金融
Hindustan Liver (HUL)	快速消費品	Sun Pharmaceutical Industries	製藥
ICICI Bank	金融	Tata Consultancy Services	資訊科技
IndusInd Bank	金融	Tata Motors	汽車
Infosys	資訊科技	Tata Steel	鋼鐵
ITC	快速消費品	Tech Mahindra	資訊科技
JSW Steel	鋼鐵	Titan	生活消費品
Kotak Mahindra Bank	金融	Ultra Tech Cement	水泥
Larsen & Toubro	建設	Wipro	資訊科技

2023年末資料

撰文：辻田祐子

19 國內外出工作的勞工

二〇二〇年三月，印度為了防止新冠病毒疫情擴大，宣布嚴格實施全境封鎖（封城）。交通機關停止運行，醫療、食品、金融等生活必需服務除外，公家機關、民間企業、教育機關原則上全面關閉。

其中影響最嚴重的，就是在城市地區不適用勞工法和社會保障、經常從事低薪工作的勞工。眾多失業的移工沒有交通工具可以離開，只能徒步走回遙遠的故鄉。

◎不斷增加的移工

印度國內外出工作的移工人數，在一九九〇年代以後愈來愈多。從人口規模大的經濟後進地區北方邦、比哈爾邦，移動到邦外城市地區的男性單身移工，人數增加的幅度尤其顯著。統計上無法掌握的季節性移工也很多。

造成移工增加的拉力因素，在於城市地區的就業和教育機會較多，以及有基礎設施相對完善的生活。

而移工出身地的推力因素，包含農地的人口壓力上升，以及農村裡出現了招募人員。人口增加和男嗣平分繼承的習俗，使得農地不斷細分，只靠農業無法賴以為生的階層增加。但農村地區又沒有足夠的非農業工作機會，因此這些人只好離鄉背井去求職。

另外，外包或是二次以上轉包的招募仲介活動深入農村地區，也加速促進勞工外流。

在這種狀況下，近年迅速普及的手機在資訊傳達上的作用，可想而知。

現在，在印度超過14億的人口當中，占了半數以上的三十歲以下年輕人，正準備加入就業市場。國內外出工作的勞工移動，今後應該還是會持續下去吧。

到城市尋求就業機會

有家人來送別呢。
我走了~
是要去城裡工作的人。
因為故鄉沒有好農地和工作的地方。

圖 1　北方邦、比哈爾邦的男性國內移動勞工人數
（千人，存量）

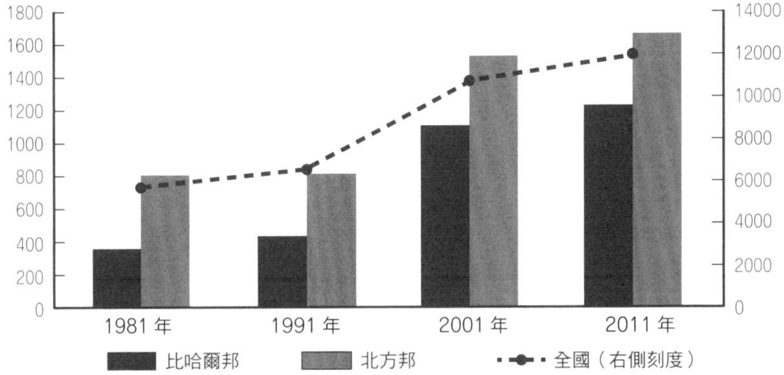
1800
1600
1400
1200
1000
800
600
400
200
0
14000
12000
10000
8000
6000
4000
2000
0
1981 年
1991 年
2001 年
2011 年
比哈爾邦
北方邦
全國（右側刻度）

好多！外出工作的人口超過日本了！
畢竟國內勞工每年都會增加。

撰文：辻田祐子

晚上八點的總理演講

關口真理

二〇二〇年三月二十四日晚上八點，莫迪總理對全民發表的演講，比當初同樣在晚上八點宣布實施的廢鈔令（P182）更加震撼全國。這次是為了控制新冠疫情擴大，宣布從二十五日凌晨十二點開始封鎖全國。全體國民必須在凌晨十二點停止所有事務，留在原地不得移動，也就是印度版的封城。政府沒有任何預告、沒有緩衝期間就直接實施（也有人猜測可能是政府要做某些事來因應疫情）。

包含國際航線在內，所有交通機關通通停擺。若是剛好在家還算萬幸，筆者的友人就被迫在出差地點的旅宿滯留三個月。長途火車會在深夜十二點停靠最近的車站，乘客會強制收容在陌生城鎮的學校宿舍裡，而非目的地。有位搭乘夜間巴士返鄉的女大學生，因為深夜被迫在陌生的車站下車，恐慌發作而自殺未遂。也有父母沒辦法從職場回家，家裡獨留年幼的孩童，過了好幾天才終於有鄰居伸出援手。

在事情發生以前，城市地區的勞力都是由來自印度各地的大量移工承擔，但居無定所的他們容易造成疫情擴散，因此被逐出了城市。

這群勞工頭頂著行囊、肩上扛著小孩，在烈日下徒步好幾百公里回到故鄉。他們就像決堤大河裡的浪潮，從變成空城的市中心湧向四面八方。

如果是一般家庭，全家人是否能在疫情的憂慮中足不出戶、平安無事共處三個月呢。

在那之後三年，筆者終於能夠再訪印度，親耳聽他們像洪流般傾瀉般，訴說當時的辛酸記憶與無法吐露的心事。印度將疫情後的復甦視為最優先。在這急轉直下的世態之中，創傷尚未癒合、就要面對更多苦惱的人並不少。封城期間的印度究竟發生過什麼，不知道將會有多少實情在未來揭曉。

第5章

進駐印度市場

01 外資限制與優惠措施

負面清單與各種限制

印度政府規定了外國資本可直接投資印度的業種（負面清單），不在負面清單上的行業，就是允許外資百分之百直接投資。例如「賭博」、「彩券」、「不動產業」、「核能」、「鐵路」、「菸草及其替代品的製造」都屬於禁止外資的行業。

除了禁止的業種以外，像是銀行業和保險業等金融相關行業、航空業、石油和煤炭·天然氣等基礎設施相關、國防裝備、印刷出版和廣播相關、零售業等行業，都設有出資比例的上限，或是出資的規範。投資條件會因有出資上限和規範的業種而異，需要個別確認。

⊙積極吸引外資的政策

莫迪政府積極推動吸引外資的政策，其中一環就是在零售業、航空業、通訊業等主要產業，提高出資比例的上限，讓外資企業得以慢慢加入。

但是，在東南亞國家協會成員國可見的外資優惠措施，並不存在於印度。印度的優惠措施是不限國內外資本，凡是民營企業欲投資協助有課題的特定業界，都可以免除法人稅，或是可以免除特定期間內收益的稅額。

道路、上下水道、廢棄物處理等基礎設施相關事業、發電和輸電業、石油相關企業、冷鏈和特定規模以上的醫院、政府認可的低價住宅投資等等，都是優惠的對象。

除此之外，如果目的是促進產業和增加就業機會，進駐ＳＥＺ（經濟特區）的企業得以免除或減免法人稅及其他稅金。若是進駐ＳＥＺ以外的工業區，各邦也針對創造就業機會和吸引產業，提出獎勵措施。這些狀況都會因進駐的邦和地區、企業規模而不同，需要個別查詢資料。

1. 基礎設施的投資

專案開始實施的20年期間，連續10年免課法人稅。

通訊領域的投資，前5年免課法人稅，後5年減免30%法人稅。

（限2016年3月31日以前開始投入基礎設施開發和運用及整修之企業）

2. 研究開發的投資

適用10年免課法人稅（免稅期）措施。

（限2000年3月31日以後、2007年4月1日以前已立案之企業）

3. 發電及輸配電領域的投資

專案開始實施15年期間，連續10年收益全額免稅。

（限2017年3月31日以前開始透過投資進行的電力發電、供給、輸配電網維修等業務）

4. 石油相關企業

立案後7年間收益全額免稅。

（限1998年10月1日以後、2012年3月31日以前開始從事礦油精製的企業）

5. 其他

從事保險、通訊、工業區（含SEZ）開發、特定地區的酒店和會議中心、住宅專案、醫院等業務之法人，以及創業投資公司，皆有各自的法人稅減免措施。另外，關於各事業領域的設備投資優惠，則是有減免法人稅的措施。

撰文：繁田奈步

02 印度的法人種類

當地法人、聯絡辦事處、分公司

外資企業進駐印度，可以從當地法人、聯絡辦事處、分公司、專案辦事處、有限責任合夥（LLP）中選擇任何一種形式。日本企業進駐通常是選擇成立當地法人、聯絡辦事處、分公司。

◎當地法人：公司的形態可以分為三種，分別是股份有限公司（Company Limited by Shares）、擔保有限公司（Company Limited by Guarantee）、無限公司（Unlimited Company）。這些是依公司成員的個人責任範圍來區分，不過通常都是成立股份有限公司。

至於公司的種類，又可以再細分為私人公司（Private Company）和公開發行公司（Public Company）。私人公司需要有兩名以上的股東，股東上限是200人；董事要有兩名以上，其中一名必須是常駐董事（當會計年度有182天以上居留在印度的董事）。即使在印度設立私人公司，只要母公司企業符合印度公司法定義的公開發行公司，子公司也視同公開發行公司，必須遵守印度的法令規定。公開發行公司則是需要有七名以上股東、三名以上董事（其中一名必須是常駐董事）。

◎聯絡辦事處：活動會受到限制，禁止從事推銷等商業行為。因此，活動資金需要從總公司匯款。

除此之外，聯絡辦事處需要取得印度儲備銀行（RBI）的許可才能立案，條件是在母國最近三年內有收益成長。一般來說，RBI的許可需要每三年更新一次。

◎分公司：不得從事製造生產的活動。分公司是代替總公司進行貿易和提供服務而設立，所以業務範圍有限制。與當地法人相比，分公司視同外國法人，所以法人稅較高。設立分公司時也需要RBI的許可，條件是在母國最近五年內有收益成長。

進駐印度的形態

日本企業大多都是成立當地法人。
但是沒辦法只設立一家公司，所以也可以分成日本的母公司和新加坡的子公司設立成兩家公司。

當地法人

- **股份有現公司** *Company Limited by Shares*
- **擔保有限公司** *Company Limited by Guarantee*
- **無限公司** *Unlimited Company*

聯絡辦事處

Liaison Office

分公司

Branch Office

專案辦事處

Project Office

有限責任合夥

Limited Liability Partnership

如果是打算支援日本的出口業務，也可以先設立聯絡辦事處。

撰文：繁田奈步

03 設立當地法人

四個階段與公司法

在印度設立當地法人，主要有「取得DIN（董事識別編號）和PAN（永久帳戶號碼）」、「取得DSC（電子簽名許可）」、「申請法人名稱預核準」、「取得CoI（公司登記證）」這四個步驟。

DIN是成為董事必備的識別編號，需要擔任董事者的身分證明文件才能申請。若一名董事兼任多家公司董事，可以參照同一個DIN，不需要每個法人都申請個別的DIN。DSC是在線上繳交文件時必備的證明，除了設立法人以外，經營法人時也會用到。DSC的有效期限是一年～兩年，到期需要更新，不只是要繳交文件，也需要本人臉部驗證。擔任法人董事者在取得上述資料後，才能申請法人名稱預核準。申請時，還必須準備多個備用名稱。

之後繳交「公司組織和章程」，取得CoI（公司登記證）後，才算完成法人登記。這套程序必須要有印度法人的登記地址。

接下來是召開第一場董事會、開設銀行帳戶、匯入資本金、取得稅務相關編號以後，就能開始營業。各種稅務編號包含了PAN（永久帳戶號碼）、TAN（稅籍帳號）、GST（商品服務稅號）。至於取得進出口商編號（IEC Code）、註冊店鋪和設施法等必備的許可或註冊手續，則是根據法人的事業內容而異，要仔細確認後再申請。

◎印度的公司法

這些印度法人設立的程序都是依循「公司法」，該法規在二〇一三年有了睽違六十年的修正。

這次的修正要求所有法人都至少要有一名常駐董事。此外，根據上市企業和法人規模不同，可能需要一名以上的女性董事、三分之一以上的獨立董事、設置監察委員和指名・報酬委員會等等。

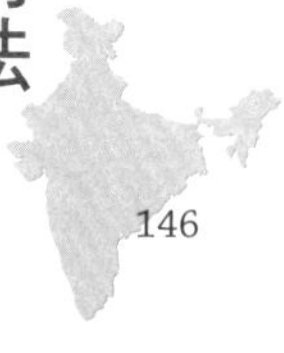

公司設立流程表

取得DIN（董事識別編號）和PAN（永久帳戶號碼）

在印度公司事務部（Ministry of Company Affairs: MCA）
線上繳交申請書和認證文件

取得DSC（電子簽名許可）

申請法人名稱預核準

向各區域（邦）的公司註冊處（Registrar of Companies）
提出申請

- 至少準備3～4個備用名稱
- 盡可能出示企業活動和目的
- 名稱不得與已註冊公司和商標過度相似

取得CoI（公司登記證）

將必備文件繳交至各區域（邦）的公司註冊處

- 公司組織
- 公司章程
- Form INC-9（股東聲明書）
- Form DIR-2（董事就任同意書）
- PAN Undertaking（PAN承諾書）
- 股東代表的地址證明
（電費帳單、電話費帳單或銀行帳單擇一＋英語譯本）
- 發起人資料
- 房東許可登記地址租賃契約書使用地址的無異議證明
（No Objection Certificate－NOC）
- 記載登記地址的公共費用明細

撰文：繁田奈步

04

印度的新創企業

世界第三的新創企業大國

印度的新創事業，在二〇一六年莫迪總理推動的「Startup India」計畫之下順利成長。截至二〇二三年（五月十四日時）印度所累計的新創公司數量已來到99371家，比起二〇一六年的442家，數量持續大幅增長。這些公司也對印度就業機會的創造貢獻良多，在計畫開始後到二〇二二年十二月為止，合計創造出89萬5000個工作機會。

印度的創業生態系統排名是全球第三名（二〇二三年二月五日報導），獨角獸企業的數量也多達108家（二〇二三年五月底資料）。

這些獨角獸企業不只是在印度國內，也在全球市場大為活躍。第三方支付服務PayTM對於印度的數位支付轉型有很大的貢獻，而且也活用在日本PayPay的二維條碼支付技術。教育科技公司BYJU's透過線上教學，提供高等教育測驗的對策、支援教育不完善的地區，現在業務已拓展到一百多個國家。支援乳癌檢驗的AI服務Niramai運用紅外線熱影像，提供價格低廉又能減少身體負擔的乳癌篩檢，有助於早期發現，不只是全印度都能受惠，同時也取得歐洲CE合格認證，以及美國FDA醫療機器認證，正陸續拓展到海外。

◎即將拓展到全球的新創企業

從對最新技術新創公司的投資動向來看，在種子期是包含金融（BFSI）、電子商務在內的零售技術名列前茅，到了創建期是保健技術、汽車相關、物流、能源·資源類的投資狀況最好。這些都反映出印度國內的電商普及·擴大使得零售事業改頭換面，以及印度政府對數位醫療、電動車轉型、物流效率化投注的心力和推廣。這些變化也與全球的動向一致，可拓展到全世界的新創企業今後將會更多。

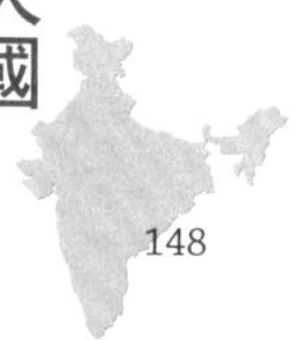

我們要創業！
青年
印度熱衷於創業的人很多。
「新創印度」這項計畫，讓創業變得容易多了。
公司
居然只要花一個月就能創業！
手續很簡單
成立基金
基金
免稅
稅
有這麼多好處啊！
多虧這個計畫，到二〇二三年五月為止，大約有十萬家公司創業。
這個政策讓大學和企業一起協助支援欲創業的各方人士成功創業。
我要創業！
大學
企業
除了印度國內以外，在全球市場活躍的企業也很多。
日本常見的PayPay支付技術，
也是源自於印度的payTM。
原來是印度製啊。

撰文：繁田奈步

05 印度的工業區與經濟特區

從自家工廠轉移到工業區

企業考慮在印度設立工廠時，首先要面臨的課題可能是確保工廠用地。選項有鄰近客戶、方便取得原料、生活環境、大城市近郊等等，雖然有各種選擇方案，但要找到符合期望的土地卻很困難。

關於土地的問題，有「在想要進駐的區域找不到土地」、「已加入政府的工業區，但過去的土地徵收問題尚未解決，被政府要求加收費用」等等。

◎該進駐哪個工業區

為了解決土地相關的各種狀況，企業也從原本購置自家公司私有地的形式，轉換成進駐邦政府或民間企業營運的工業區。日本貿易振興機構也積極在各地為日本企業引介工業區。在拉賈斯坦邦尼姆拉納、馬哈拉什特拉邦曼達爾等地，日本企業專用的工業區也愈來愈多。

製造業進駐印度的主要區域，是德里NCR（首都圈）、清奈近郊、邦加羅爾近郊、浦納近郊、亞美達巴德近郊等地。不過，大城市近郊條件優良的工業區早已搶占一空，很多地方都沒有餘額，而且條件優良的工業區本身也不多。

同樣都是工業區，有些只是土地徵收完畢的空地，有些則是已經建造基礎設施的土地，提供的方式大不相同。近年來，日商也參與規劃印度工業區的開發，甚至還出現了出租工廠的選項。

另外，也有變成經濟特區（SEZ）的工業區。SEZ是以出口、創造就業機會為目的，適用免稅等各種優惠措施的區域。印度多數企業不只是將商品出口，也計劃在國內市場銷售。不要只侷限於SEZ，找出對自家公司有利益的地方才是重點。

主要工業區

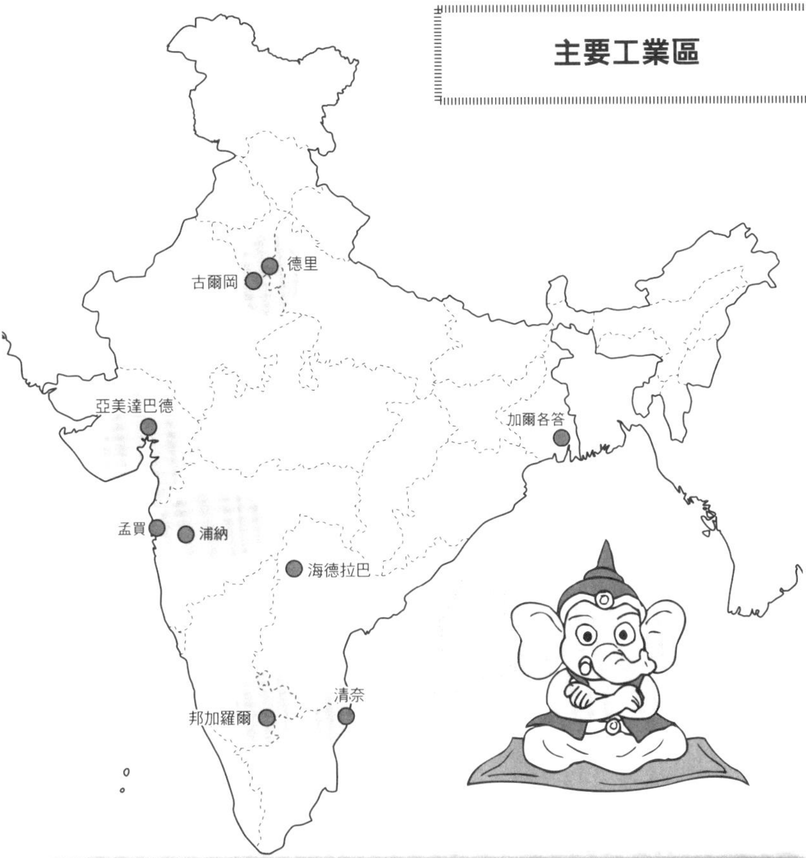
德里
古爾岡
亞美達巴德
加爾各答
孟買
浦納
海德拉巴
清奈
邦加羅爾

進駐SEZ的企業租稅優惠措施範例

法人稅：

開始製造・銷售前5年100%免稅，後續5年間50%免稅

收益再投資，可加碼5年50%免稅

股利分配稅（DDT）：照規定課稅

關稅：100%免稅

貨物稅：100%免稅（從SEZ外採購的貨品也免稅）

服務稅：100%免稅

中央銷售稅：從邦外採購的中央銷售稅100%免稅

附加價值稅：依各邦政策免稅

撰文：繁田奈步

06 如何在印度「銷售」

複雜的流通網路、科技的挑戰

印度的零售・流通・運輸是由零碎的小型業者占了多數，由於國土廣大、有超過20個官方語言的文化，能涵蓋全印度的企業相當少。零售店鋪方面，像超市（現代零售通路）等連鎖店鋪屬於少數，市場有八成的店鋪都是基納拉（小型雜貨店）。

在流通方面，二〇一七年開始全國課徵商品・服務稅（ＧＳＴ）以後，簡化了繁雜的稅務，並重新編組・整合銷售網路，改善了商業環境。不過，對於新加入的外資企業，尤其是單價低的快速消費品製造商來說，在印度做生意還是非常困難又複雜。而且能夠幫忙推銷、行銷的仲介業者很少，就算委託有全國通路的製造業，他們通常也是優先銷售自家品牌，因此外商很難順利拓展生意。

◉電子商務的成長

然而，在快速數位化・網路化的趨勢中，電子商務、商對客的Ｄ２Ｃ模式大幅成長。整套消費行為都已網路化，社群網站等平台的使用者也逐漸增加，企業可以直接面對並接觸消費者，新品牌能夠簡單以Ｄ２Ｃ模式加入市場。

企業之間的Ｂ２Ｂ電商模式也受到矚目，投資銀行Avendus Capital的報告指出，印度市場擁有全球最大的年成長率45％，預估在二〇二七年將會達到１２５０億美元。

在這股潮流之中，出現了簡化多層次且複雜的流通結構、可統籌管理的平台。有些平台甚至還可以直接串連農家和零售商店，或是搭載可提高基納拉進貨便利度的金融科技功能。另外，大型綜合電商也正嘗試組織基納拉，作為物流網路的主軸。

正式進入活用科技、思考「如何銷售」的時期。

庫存品堆積如山。
傷腦筋呢。
哇…大塞車。
載滿商品的卡車動不了。
印度太大了，來不及建造充足的基礎設施。
明明有這麼豐富的商品。
印度有80%都是名叫基納拉的小雜貨店。
超市等20%
基納拉80%
流通方式很複雜。
不過隨著數位化的進步，物流也慢慢在改變了。
農家直接連通基納拉
基納拉組織化
要是順利的話或許很快就能將商品運送到印度各地了。
基礎設施是印度的一大課題。
所以也非常歡迎外國企業加入喔！

撰文：繁田奈步

07 難解的稅制與繁雜的稅務

印度的稅務系統和日本一樣，分為直接稅和間接稅。直接稅包含法人所得稅、個人所得稅、最低替代稅、股利所得稅。

◎法人所得稅

稅率會因收入總額和領取總額而異，為25～30％。而且會根據教育捐和課稅對象的所得水準，徵收一定比例的附加稅（例如課稅對象所得超過1億盧比為12％，超過1000萬盧比、1億盧比以下為7％，1000萬盧比以下則為0％），有效稅率大約是26～34．97％。會計年度為四月到三月。依照預付稅制度，可分期在六月、九月、十二月納稅，最終於三月十五日調整並付清全額。

◎個人所得稅

印度居民包含海外所得在內，所有收入皆須課稅。稅率以超過累進的方式，依收入額而不同。如果是外派人員，年收幾乎都超過150萬盧比，所以所得稅率為30％，另外依總收入的附加稅為收入全額的10～37％，以及教育捐4％。

導入GST後依舊複雜難解

◎導入間接稅GST

二〇一七年，印度統一了各邦不同的多種間接稅，開始實施GST（商品及服務稅）。每一筆商品及服務稅都是依不同的稅率而定，經常修改。石油、酒、天然氣等部分商品不需課徵GST，而是沿用舊有的增值稅（VAT）。

除此之外，在印度的關稅包含了基本關稅、社會福利附加費、GST和GST補償附加稅（GST Compensation Cess）。社會福利附加費為基本關稅的10％（特定商品3％）。其他還有所得稅代扣，若持有PAN帳號，代扣稅率為10％，無帳號則是25％。代扣稅金必須在隔月七日以前，GST是在隔月二十日以前繳納，為每月一次的作業。

		1000萬盧比以下		超過1000萬～1億盧比		超過1億盧比	
國內法人	法人稅	30		30		30	
	附加稅	0	31.20%	7	33.38%	12	34.94%
	健康與教育捐	4		4		4	
外國法人	法人稅	40		40		40	
	附加稅	0	41.60%	2	42.43%	5	43.68%
	健康與教育捐	4		4		4	

印度的法人所得稅真的是好複雜。

不過間接稅變得比較好懂了。
服務
商品
工廠
店
GST
稅率會根據商品和服務而有所不同
以前的稅率還會因為商品和邦而不同。
我的頭都痛起來了。

直接稅		間接稅	
法人所得稅	如上	商品及服務稅	0～28%
個人所得稅	最高 30%	增值稅	0～20%依各邦
最低替代稅	約 20%	中央營業稅	規定 2%
股利所得稅	15%	關稅	0～10＋反貼補稅

撰文：繁田奈步

08 外匯和外幣管理

印度國內的交易買賣僅限於印度盧比（Rs（₹））。印度盧比原則上是限制攜至國外的貨幣，從印度出境時也有規定攜出盧比的上限金額。盧比是浮動匯率制，一旦發生不穩定的波動和極端變動，就會由RBI（印度儲備銀行）出手干預。

印度和其他國家的國際交易，主要是使用美元、歐元、英鎊等等，而印度與日本企業的交易通常是使用美元。

近幾年來，美元／印度盧比的行情，因為全球貨幣長期緊縮，加上印度經濟發展背負的期待，大約都是落在1美元兌80盧比。

◎繁複的海外匯款

印度國內要匯款至國外，需要遵守許多規定。

這些海外匯款的規定雖然已逐漸放寬，但外幣匯款需要準備的資料數量、簽章等實務方面的相關手續依舊多又複雜。

此外也有並未放寬限制的特例，匯款超過一定金額的顧問費及商標費，也需要事先依金額取得RBI的許可。

版權使用費和股利可以從印度匯款至國外，但版權使用費需要代扣稅和GST，股利需要代扣稅，付清各種稅金後才能匯出。

而且，根據外匯管理法，海外匯款除了申請書和契約書，還必須附上保證非洗錢和恐怖行動資金的宣誓書。與其他國家交易時，需要向會計師尋求專業的建議。

10盧比

100盧比

20盧比

500盧比

50盧比

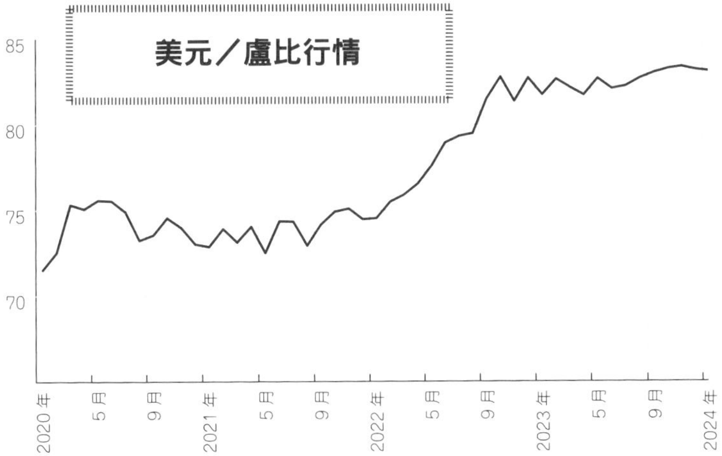

撰文：繁田奈步

09 當地居留／外籍人士簽證與個人所得稅

入境印度需要簽證

外國人入境印度時，就算是旅行也需要申請簽證。短期居留的印度簽證分為①在大使館申請的觀光簽證、②在大使館申請的商務簽證、③線上申請的就業簽證、④落地簽證。

①可以在各國印度大使館或駐外機構申請，有效期間為三個月~五年，居留期間以一年內180天為限。

②和①一樣，單次居留期間最長180天，需要有當地企業的聘書。

③是針對觀光、商務、醫療、會議等目的發行的簽證，最晚需在入境印度四天前申請，線上送出申請後，申請者抵達印度時需在指定的機場領取簽證。

④抵達印度的機場後，直接在機場辦理手續。居留天數為六十天內。

如果是在印度就業，則需要申請工作簽證（就業簽證）。工作簽證的資格為年薪2萬５０００美元以上，需附上記載年收的當地公司聘書、當地公司的登記謄本等各種資料。有時候可能會因為申請資料記載的資訊不足，導致需要等待很久的時間才能夠收到發放的簽證。

◎上網申請居住登記

居住在印度國內時，必須在抵達印度後十四天內，向所在地的ＦＲＲＯ（外國人登記事務局）辦理外國人登記。ＦＲＲＯ的各種手續皆可線上申請，不需要親自造訪事務局。此外，一年內居留天數在182天以上，即視為居住者。即使會計年度（四月到三月）內的居留期間未滿182天，只要過去四年內居留天數合計為365天以上，單一年度居留天數在60天以上就視為居住者。「通常居住者」（會計年度中過去十年內居住一年以上的人，或過去七年的居留天數在730天以上）在全世界的收入皆需課徵所得稅，所以在日本等印度以外的國家賺取的收入，都必須申報所得稅。

B（商務）簽證	
所有商務目的行程	・印度公司發行的聘書正本 （需使用公文用紙，含負責人簽名） ・母國任職公司發行的推薦函正本 （需使用公文用紙，含負責人簽名）
E（就業）簽證	
就業目的行程	・英文履歷 ・母國任職公司發行的推薦函正本 （如申請者未隸屬於任何公司，則需自行製作推薦函） ・印度公司發行的聘書正本 ・聘雇契約正本及副本 ・印度儲備銀行的許可書或印度公司的登記證明

這些都是去印度工作的簽證種類。
在當地就業的話需要工作簽證。

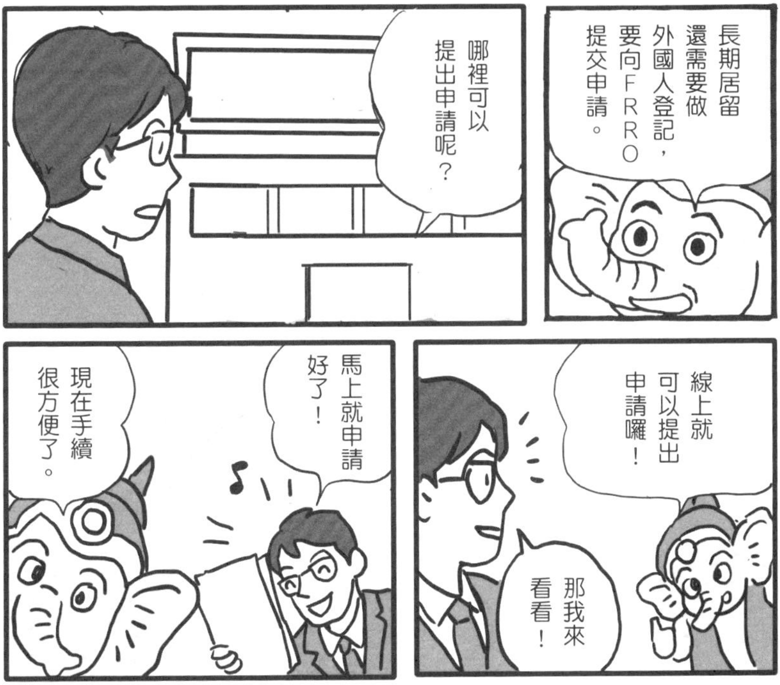
長期居留還需要做外國人登記，要向FRRO提交申請。
哪裡可以提出申請呢？
線上就可以提出申請囉！
那我來看看！
馬上就申請好了！
現在手續很方便了。

撰文：繁田奈步

10 當地居留者／外籍人士的居住環境

大城市房租居高不下

通常居留者在印度尋找住家時，大多是選擇三、四層樓且一層一戶的公寓，或是像華廈一樣的高樓層公寓。隔間多為３ＢＨＫ（三間臥室．大廳．廚房）或是４ＢＨＫ，可選擇附家具的房型。近年來，也專為單身赴任的外派人員提供１ＢＨＫ或２ＢＨＫ這類臥室數較少的房型，附家具、附打掃和洗衣服務的公寓式飯店也愈來愈多。

尤其是德里、孟買、邦加羅爾這些大城市，專門提供給外派人員的住宅租金居高不小。以德里為例，租金約在15萬到20多萬盧比，因地區而異。孟買的租金據說甚至是德里的兩倍。

◎選擇住家的訣竅

選擇住家時，要注意印度是水電等基礎設施不穩定的國家，必須要有停電時的備用電力，若是在非全天候供水的地區，住宅就一定要有抽水馬達。尤其是供電方面，公寓式住宅大多是有全天候備用電力的房子，一層一戶式公寓也有多種備用電力的方法可供選擇。如果是使用逆變器供電，大多無法啟動空調設備，可能只能供應一般電器和電扇等有限的電力，必須事先確認。

此外，防盜措施方面，一般外派人員會住的一層一戶公寓都有24小時輪班制的警衛駐守。若是普通公寓，則會聘請警衛，從外面進入公寓用地的大門也會控管出入人員。

印度家庭通常會雇用「家事人員」，可以聘請打掃和洗衣人員、司機、廚師、保母。以前會依照打掃、洗衣、煮飯等職務內容分別聘請專門人員，不過最近可以一人包辦打掃、洗衣、煮飯等全套家事的人也愈來愈多了。

印度的物價算是很低呢。
在當地生活不怎麼花錢呢。
住宿一晚才500日圓。
是日本來的背包客。
不過上班族如果想住得安全舒適，還是需要多花點錢。
啊！又停電了。
畢竟水電的供應不是很穩定。
如果是住在孟買的話，住一個月租金50萬日圓三房兩廳的人也不少喔。
什麼！
比日本還貴！
可是這種房子二十四小時都有水電，比較放心吧。
在日本的話根本不必擔心
在印度通常也會雇人來協助打理家務。
打掃．洗衣
保母
煮飯
在很多意想不到的地方，
都需要花錢呢。

撰文：繁田奈步

11 印度生活的危機管理

千萬別涉足危險場所

在印度，只要一到獨立紀念日、共和國日、選舉等節日前後，警察機關都會呼籲民眾小心恐怖攻擊，並且實施交通管制和加強警戒。為了避免捲入暴動和恐攻等意外狀況，要避開可能發生危險的場所和群眾、做好充分的安全措施，並努力取得最新的治安資訊。東北各邦和喀什米爾等部分地區的治安都不是很好，因此若是要造訪這些區域時，最好要事先確認治安資訊，並且做好完全的準備。

此外，由於印度的汽車駕駛大多橫衝直撞、不守秩序，所以也經常發生車禍。為了預防交通事故，德里甚至規定後座乘客也必須繫上安全帶。走在路上時，一定要多多留意周邊的交通狀況。

◎維持健康的方法

而且與日本相比，印度的衛生條件不好，加上氣候、飲食習慣等差異，很多人到了印度後，健康就會惡化。尤其是在雨季尾聲，每年都會流行登革熱，重症者甚至可能死亡。另外還有瘧疾、肝炎等傳染病。消除疲勞的同時，也要多注意飲用水和食物。

狂犬病在印度也很常見。不只是狗，松鼠、蝙蝠、猴子等動物也都會傳染狂犬病，所以千萬不要隨便觸摸街邊的動物。萬一被咬了，要馬上就醫。此外，雖然不是必要，但還是可以預防性的接種狂犬病和破傷風疫苗，會比較放心。

近年來，還有心理健康的問題。生活習慣和社會差異通常會造成壓力。印度和母國總公司的行事觀念差異，也可能會引發壓力。外派人員專用的心理輔導，也逐漸成為企業危機管理的一大課題。

這是…怎麼回事…？
是二〇〇八年的孟買恐襲。印度也會發生恐攻事件喔。
有衝突糾紛的地區。
喀什米爾地區
德里
加爾各答
孟買
清奈
東北各邦
還是別去比較保險。
女性在晚上單獨外出也很危險，要儘量避免。
其他還有這種情況。
整天吃咖哩。
熱氣~
天氣又熱。
受夠了
印度的員工普遍很強勢。
嘰哩呱啦
但日本的總公司根本就不懂。
啊~壓力好大。
也會有這些危險因素，要小心喔。

撰文：繁田奈步

12 當地的人才聘雇

優秀人才非常搶手

印度的勞務聘雇，最普遍的方法就是透過人力仲介公司或是求職網站。人力仲介公司有當地經營的公司，也有多家日商公司。尤其是白領階級和工程師方面的職位，也經常透過網路招募人員。其他還有透過現職員工介紹等方式，參考口碑而錄用。

◎爭奪優秀人才

一般來說，印度不像日本會聘雇應屆畢業生來培育人才，大多是公開徵募從缺的職位，再篩選應徵者。但是招募有經驗者，往往會需要跟其他企業搶人才，人事成本較高。雖然印度有14億人口，但優秀人才依然是少數，必須與其他公司競爭。

到了高階主管職位，就會透過獵人頭公司，採取符合人才條件的招聘方式。尤其是要聘請傑出的印度人高階主管，年薪１０００萬日圓是基本，反過來說，酬勞必須要等同於或是高於日本的薪資水準，才能聘請到優秀人才。

◎招聘應屆畢業生也需要門道

在這股趨勢中，印度的日本企業也漸漸開始大膽招聘應屆畢業生。在印度招聘應屆畢業生，並不是像日本一樣由學生到公司面試，一般都是透過企業到大學面試的「校園徵才活動」。

這種校園徵才活動，會因業界規範而有固定開始招聘的日期，因此企業在第一天拜訪哪一所大學，會影響到招聘的成效。

尤其印度幅員廣闊，學校遍及全國，加上學校的等級也不同，因此在校園徵才活動中，企業必須與該所大學的職涯就業輔導單位有所聯繫，甚至需要思考要瞄準什麼樣的學生族群。

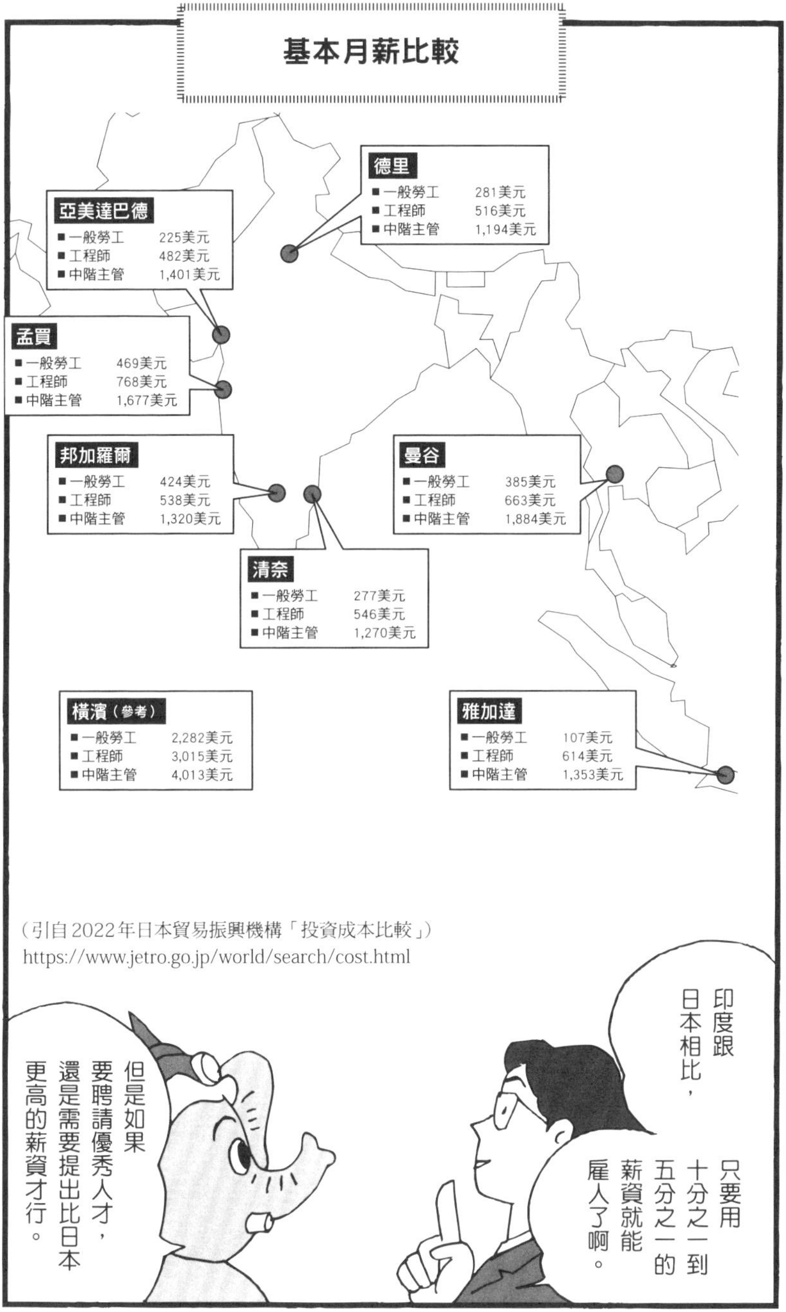

基本月薪比較
德里
■一般勞工 281美元
■工程師 516美元
■中階主管 1,194美元
亞美達巴德
■一般勞工 225美元
■工程師 482美元
■中階主管 1,401美元
孟買
■一般勞工 469美元
■工程師 768美元
■中階主管 1,677美元
邦加羅爾
■一般勞工 424美元
■工程師 538美元
■中階主管 1,320美元
曼谷
■一般勞工 385美元
■工程師 663美元
■中階主管 1,884美元
清奈
■一般勞工 277美元
■工程師 546美元
■中階主管 1,270美元
橫濱（參考）
■一般勞工 2,282美元
■工程師 3,015美元
■中階主管 4,013美元
雅加達
■一般勞工 107美元
■工程師 614美元
■中階主管 1,353美元
（引自2022年日本貿易振興機構「投資成本比較」）
https://www.jetro.go.jp/world/search/cost.html
印度跟日本相比，
只要用十分之一到五分之一的薪資就能雇人了啊。
但是如果要聘請優秀人才，還是需要提出比日本更高的薪資才行。

撰文：繁田奈步

13 與印度人共事的方法

嘗試了解看似衝突的各個面向

有個笑話是「在國際會議上最難的任務，是讓印度人閉嘴，還有讓日本人開口」，由此可見，日本人對印度人的印象，就是霸道強勢、滔滔不絕讓人沒有插嘴的餘地。

此外，日本企業特有的慣例和潛規則，對其他國家的人來說非常難以理解。如果是像上海這種已經有很多日商進駐的地方，或許對日本的狀況和日本企業已經有了充分的理解，但遺憾的是，日本企業在印度是少數，日語人才也極為罕見。

就結論而言，在日本通用的「心領神會」，很難在印度發揮效用。所以在工作上，除了要傳達工作內容以外，也要清楚解釋為何要這麼做，連同背景資訊一併傳達，工作的效果才會高。而且，要清楚說出「好」、「不行」，告訴對方不行的理由也很重要。在不同的文化和社會環境下，更需要細膩的溝通交流。

◎理解雙方的感覺差異

印度人和日本人對時間的感覺也不一樣。印度人經常遲到，理由通常是塞車、下雨、天氣冷這種在日本根本說不通的藉口，以家人狀況欠佳為由而遲到、請假也是家常便飯。

此外，很多印度人不擅長按照計畫工作。不過相反地，他們的即時對應、臨機應變的適應能力很高。需要了解他們各自的適性和職責來執行工作。

在日本，一件事的裁決需要蓋好幾個章、經過多人許可才行，相較之下，印度企業的決策只需要由高層拍板定案，效率很高。這種差異，讓很多印度人抱怨「日本企業決策花太多時間了」。很抱歉，跟文化、思想背景截然不同的人共事，並沒有任何立即見效的處方箋，只能不厭其煩、腳踏實地溝通。

不用說明應該也能懂…
這種觀念在印度不通用呢。
你要是很閒的話就先來幫我工作啊。
為什麼？
這還需要問嗎…
因為有很多案子都必須在這個禮拜交出去啊！
所以咧？
別生氣！別生氣！
只要告訴他工作的背景，讓對方接受你的理由。
安排好作業程序。
讓對方在合理範圍內幫忙的話…
喔喔~
敏捷
俐落
好厲害！
他們只是想法跟日本人大不相同。
但其實各個都非常能幹喔。

撰文：繁田奈步

14 印度的日本商品、日本企業形象

走在新加坡、香港、泰國街頭，到處都能看到日本的商品和日本品牌。這些亞洲國家都認為「日本商品＝品質保證」，相當崇尚日本商品。

但是，這一點在印度卻不管用。雖然有少數人相信「日本的科技進步」、「日本商品的品質很高」，但這種正面的印象並沒有滲透到一般消費者。

很多印度人分不出日本、韓國、中國等東亞國家的差別。亞洲各地也開了很多不只是為了日本人，也是迎合當地人的日本料理餐館。印度當然也有這種店，但是對多數印度人來說，日本料理跟中國菜、泰國菜、韓國菜都一樣屬於「亞洲融合料理」。

◎看準印度市場的需求

若是從亞洲各國來到印度經商，往往會以為「日本商品在亞洲是高品質的代表，所以在印度主打『日本商品』應該也很有效果」，實則不然。要反過來思考，從「日本的某某商品很好」這個觀點更深入評估，依據客觀和合理的數據來明確表現出該商品的優點、購買該商品的好處，這是將印度作為市場，向消費者和企業銷售商品必備的觀點。

印度市場重視商品品質是否符合成本，更勝於高品質。比起昂貴又具備很多額外功能的商品，一般人還是偏好低價且具有最基本功能的商品。仔細看清楚印度市場的需求，保留日本商品的優點，同時迎合當地消費者改良成當地的版本，也是一種策略。

鈴木汽車在印度的銷量占了四成以上呢！
想必街上一定充斥著各式各樣的日本產品吧。
咦～可是很難看到日本企業的廣告呢。
原來馬魯蒂鈴木是日本的公司啊。
還以為是印度公司呢。
…也有印度人是這麼想的。
印度跟其他亞洲國家不太一樣，日本產品的知名度不高。
首先要讓他們了解日本產品的高品質才行。
然後再選擇適合印度市場的銷售方式，搶攻市占率！

撰文：繁田奈步

清潔印度

關口真理

近幾年來前往印度，在車站和路旁的牆壁，還有市政廳和學校布告欄上，都可以看見用線條畫出圓框眼鏡、中間加上印度三色國旗的簡單圖案。這就是「清潔印度（Swachh Bharat）」的官方標誌，是引用聖雄甘地的眼鏡設計而成。

因為即使印度經濟發展十分亮眼，造就了無數大富豪，但街道滿是垃圾、廁所骯髒、隨地小便稀鬆平常，如果全世界對印度依然是這種印象，國家就沒辦法更進步，於是政府才會宣布要國民總動員，進行衛生和清掃的觀念改革和實踐。「清潔印度」即是這項運動的口號，也是計畫的名稱。

日本人在家都會被父母喝斥「把東西整理乾淨！」從小學到高中都要打掃教室，但印度有負責清掃的種姓，人民從小就不懂得要把零食空袋丟進垃圾桶。

在這項運動的認知普及以後，總理、政經界人士和打扮華麗的明星都紛紛拿起掃把，在鏡頭前表演掃地，但是一看就知道他們這輩子從未拿過掃把，垃圾不僅沒有掃成一堆，反而掃得更散亂。這些新聞畫面讓人除了苦笑以外，甚至還感到憤怒，忍不住想衝上去好好教他們掃把的握法和用法（笑）。

最近地區清掃和垃圾收集的作業已經成為慣例。在部份城市可以看到細心的清掃情景，令人欣慰。

「清潔印度」的另一個重點，就是廁所的普及和維護清潔。城市地區已經逐步設置安全且管理妥當的公共廁所。在農村則是要求人民改掉常見的「在野外便溺」觀念，鼓勵「在家如廁」（＊）

印度有一部以廁所為題材的電影《Toilet》（二〇一七），票房十分賣座，男主角阿克夏・庫馬（Akshay Kumar）也因此成功從動作明星轉型，成為社會啟蒙演員（？）

＊通常是設置在庭院，或是聚落裡的幾戶人家共用廁所。

第6章

多元深入的印度社會與文化

01 印度的人生觀

古代成立的印度教經典「摩奴法論」裡，詳細記載了印度人至今依然擁有的世界觀、人生觀，遍及全印度的價值觀。只要是在印度出生長大，即便不是印度教徒，也無法完全擺脫這種思想結構。

◎四住期

法論中談到理想的人生需要經歷「四住期」。兒童長大後要拜師學習（學生期）。之後結婚組成家庭，生下後代男子，守護家中祭祀香火（家住期）。接著將後事託付給兒子，離家隱居（林棲期）。最後居無定所、在流浪乞食中結束一生（遁世期）。

四住期的思想是由印度教和佛教傳承，在「肉體消滅，但靈魂不滅」的輪迴轉世思想中，人都一定會有來世。理想的人生就是正確的人生，只要正當地過完現世，就能出生在更美好的來世。

四住期的理想生活

放棄王位的佛陀和住在聖地的半裸修行者，都給人提倡超凡脫俗的印象，不過印度的人生哲學其實相當肯定現世的價值。

◎振興家業、完成使命

努力振興從父親手中繼承家業（和種姓），將兒子養育成獨當一面，讓女兒嫁入門當戶對的人家。只要能做到這些努力，人生就會過得充實又燦爛。如果沒有完成家住期的職責，就不得進入追求精神救贖的階段。這些現世的義務，就是神在人出生時賦予的使命（宿命）。如果沒有完成使命就離家，則視為惡行。其實像是佛陀這些修行者，在當時多少都會受到社會輕蔑排斥。

不過，這個人生模型只適用於上位三個種姓（婆羅門、剎帝利、吠舍）的男性。既然如此，那女性會怎麼樣呢（參照P56）……

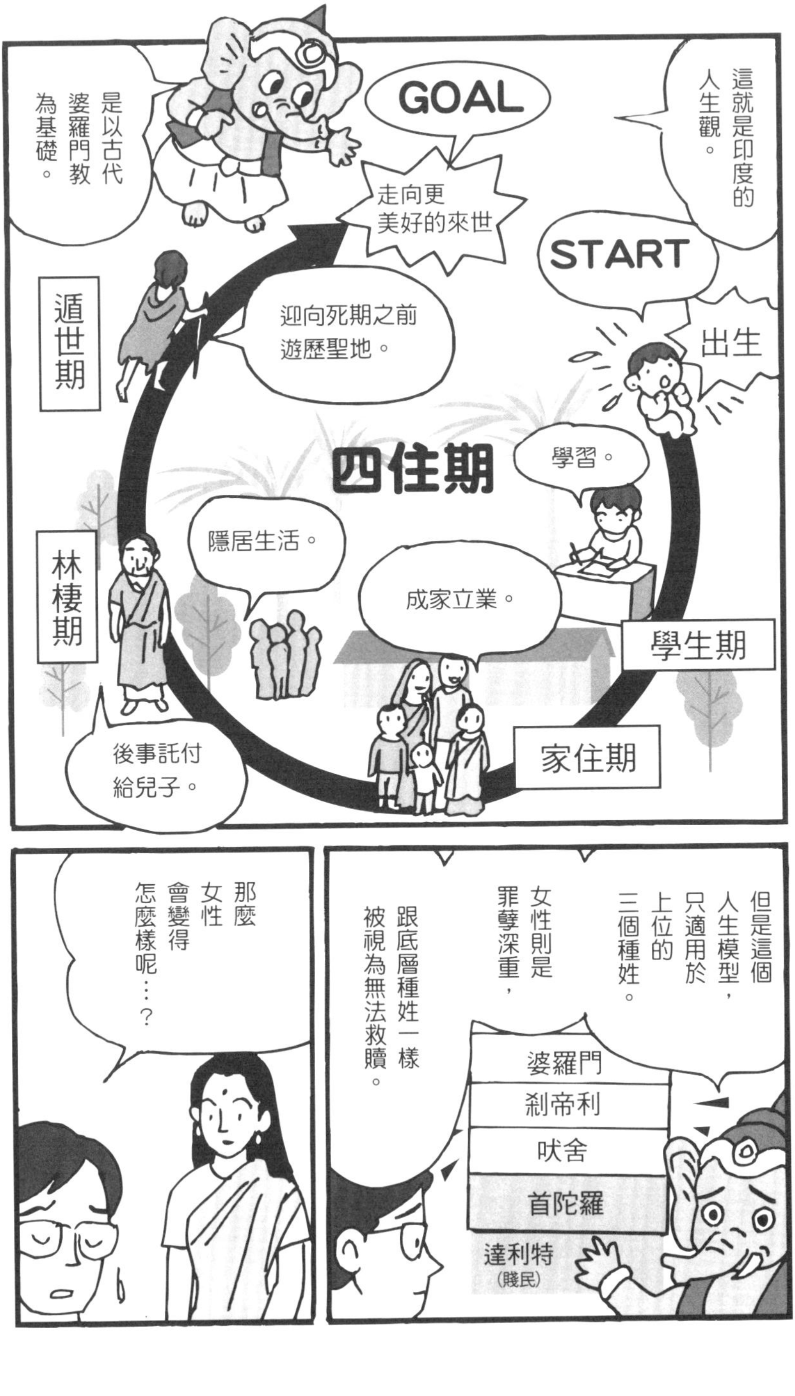
四住期
這就是印度的人生觀。
START
出生
學習。
學生期
成家立業。
家住期
後事託付給兒子。
林棲期
隱居生活。
迎向死期之前遊歷聖地。
遁世期
走向更美好的來世
GOAL
是以古代婆羅門教為基礎。
但是這個人生模型，只適用於上位的三個種姓。
女性則是罪孽深重，
跟底層種姓一樣被視為無法救贖。
婆羅門
剎帝利
吠舍
首陀羅
達利特
(賤民)
那麼女性會變得怎麼樣呢…？

撰文：關口真理

02 年度行事與祭祀

考慮各個宗教的國定假日

印度的政府、企業、學校基本上都是採用西曆。

但是，印度也跟日本一樣有傳統的舊曆，而且會因地區、宗教而有不同的曆法，傳統曆還會供在家中神桌上或是討吉利用，深植於日常生活。甚至還會依循國家、邦、地區這些單位的節日，以及特定地區的節日而舉行不同的祭祀。

外國人也需要掌握印度的節假日，因為特定場所可能不會開放。雖然在網路上就可以查詢，但如果有合作對象，直接跟對方確認會比較保險。要是遇到節日的話，也可以參加祝祭活動！

◎源自宗教和歷史的節日

獨立紀念日、聖雄甘地誕辰都是國定假日。考慮到印度常見宗教的主要祭日都是節日，所以連聖誕節、伊斯蘭教新年、耆那教和錫克教始祖的誕辰也都是國定假日。民族（州）曆新年、地區英雄紀念日等日子，則是只有當地才有的節日。受到宗教和地區民族主義影響，政府也將少數宗教祭日升格成為假日，鼓勵民眾舉行祭祀儀式。在祭祀節日的前一天，商家通常會依政府規定暫時停售酒類。

也有像孟加拉的杜爾加女神節這種僅限於當地的熱鬧祭典，當地在過節時大約都會休假十天不工作。孟加拉人即使住在與祭典無關的城市，也會在過節期間偷偷返鄉，導致辦公室唱空城計。此外，春季和秋季各地都有很多祭祀，若是有打算拜訪，要特別留意出差拜訪的對象是否休假。

在穆斯林較多的地區，在伊斯蘭教休假的星期五，商店通常都會休息。至於鄰國的孟加拉是週五、週六休息，尼泊爾是週六休息。若有意前往，這方面最好要多加留意。

1月26日	**共和國日**
3月25日	侯麗節
3月29日	聖週五（耶穌受難日）
4月11日	開齋節（穆斯林慶祝齋月結束的節日）
4月17日	羅摩（印度教神祇）誕辰
4月21日	筏馱摩那（耆那教始祖）誕辰
5月23日	佛陀誕辰
6月17日	伊斯蘭教宰牲節
7月17日	穆哈蘭姆（伊斯蘭教新年）
8月15日	**獨立紀念日**
8月26日	黑天（印度教神祇）誕辰
9月16日	穆罕默德誕辰
10月2日	**聖雄甘地誕辰**
10月12日	十勝節
10月31日	排燈節
11月15日	那納克（錫克教始祖）誕辰
12月25日	聖誕節

＊此為2024年行事曆
＊宗教祭祀、傳統活動會因西曆和舊曆的誤差而有些許更動

有底色的就是國定假日。

根據傳統舊曆的節日，每年日期都不一樣。當天公家機關可能會休假，要多加注意。
節日會因宗教而異，也會隨著邦而不同。依照目的地自行查詢就好了。

撰文：關口真理

03 素食與禁酒

招待海外貴賓時，是不是該請他們吃高級法式料理佐陳年葡萄酒、米其林壽司配大吟釀……？但如果對方是印度人，就要小心了。

就算是活躍於國際上的印度商務人士和研究專家，他們在印度的社會階級通常很高，大多會因為種姓和宗教的規定，堅持素食主義或禁止飲酒。

尤其是財團等在印度商業界叱吒風雲的商業種姓、耆那教徒，飲食的傾向會格外明顯。要是大費周章預訂的餐廳卻不合他們的胃口，那就太悲慘了，所以最好事先詢問清楚。

◎作為「善行」的飲食

不同於西歐是追求健康和環保，印度近年來素食主義和禁酒的傾向也愈來愈普遍。受到近年強化的印度教民族主義影響，連原本不在意規範或是不受規範拘束的階層，也紛紛回歸或加入素食與禁酒的行列。

擴大的「梵語化」

種姓雖然是從古至今世襲不變的身分階級，但實際上會因應各個時代和地區現狀而稍微調整，種姓的內部結構長久以來已經有些許變化。

這裡的重點是「梵語化」的社會行為。地位愈高的種姓就需要遵守愈多嚴格的禁忌，但下級種姓也將這些禁忌視為「善行」而積極效仿。就這樣一代接著一代履行，結果在不知不覺中，所有人的行為看起來都像是高級種姓了。

而且，印度人在全球各地發展，導致世界各地每個角落都有印度人的耳目，沒有人想要被人私下謠傳「某某在美國的生活很糜爛」、當作下級種姓看待，所以他們都會在眾人面前主動履行明顯的素食和禁酒等「善行」。

耆那教
牛
豬
雞
蛋
根莖類
印度教
牛
基本上吃素
酒
伊斯蘭教
豬
酒
印度各個宗教都有各自不吃的東西。弄得我好混亂……
要是同時跟印度教徒和耆那教徒吃午餐，
那要吃什麼才好啊！
唉唷～不用煩惱～
吃素食就沒問題了。
可以吃披薩。
素食餐點很豐富呢。
吃得健康點也不錯。

撰文：關口真理

04 教育制度

印度的教育制度大致分為初等教育八年、中等教育前・後期合計四年，大學三年。

教育是由中央和邦共同管轄，不過邦政府有很大的裁決權，每個邦的學制和課程都不盡相同，尤其是初等教育，作為母語的地區語言都有各自的意義。

此外，學校設備、教職員和授課品質也會因邦的政策與環境而有很大的差異，會造成就學率、識字率、結業考試成績的差距。

⊙雖然義務教育保障學生不留級……

現在，印度的義務教育是滿六歲要就學，接受初等的八年義務教育。但是，有些孩子會因為貧窮和男女地位而不能上學或中途輟學。學期末會舉行晉級考試，就算是低學年的學生，成績不及格也會留級。

不過近年來，政府已實施義務教育不留級的政策，但整個印度社會還是有「留級很丟臉」的觀念，導致許多年輕學生因為對成績感到悲觀而自殺。

超高學歷社會與競爭激烈的考試

⊙寄宿式補習班能消除教育差異嗎

中等前期與後期的最後一年，會舉行結業考試（由國家或邦實施的官方測驗）。後期考試的成績會決定考生要進入的大學和科系。最頂尖的成績是以無限接近滿分的細微差距在競爭錄取資格。補習班則是負責擬訂考試對策，現實就是「頂著校名畢業，卻得靠補習班拿高分」。

城市地區的教育環境較為完善，經濟和地區差異十分顯著，不過目前情況已經因為線上教材，和流行的寄宿式補習班而有了改變。

支持印度這種大國的不是只有所謂的菁英分子，還需要有背負多層次產業結構和現場的人才。在確實普及初等教育的同時，職業教育的擴充也很重要。

印度的識字率全國平均是78%（二〇二二年，全國平均），不過在某些地區和女性的識字率，可能遠低於這個數字。

這個是印度的教育制度。
大學
後期
前期
初等教育
18歲
14歲
6歲
中等學校
義務教育
跟日本有點像又有點不太一樣的感覺…
印度有很多所謂的名門大學，擠進這些大學的考試競爭也非常激烈。
IIT
尼赫魯大學
IIM
德里大學
16歲以前要先通過前期中等教育結業考試。
18歲要再通過後期中等教育結業考試。
考個沒完…
依考試成績分發大學。
像是名門的印度理工學院、頂尖的理工科系和醫學系，都有獨立考試。而且也講求考試策略。
有不少補習班都會教應考策略。
很多學生為了脫穎而出，都會請家教或是上補習班苦讀。

撰文：關口真理

05 教育的實情與中產階級的煩惱

不充分的義務教育制度

印度有水準極高的學校，同時也有ＮＧＯ在貧民窟、窮鄉僻壤開設的私塾，甚至有孩子必須要當童工而無法上學。

富裕階層與海外歸國子女都有充實的教育設備和課程，而且作為將來的國際人才，他們都期望進入能得到多元教養和豐富體驗機會的學校。

如果目標是走印度傳統的菁英教育路線，也就是進入錄取率很低的頂尖大學，成為有穩定地位和收入的高級公務員或醫師、專業技術人員，那就不需要多餘的教養和課外活動，只需要讀書涉獵知識。

◎預算不足導致義務教育不充分

然而，資源充足的教育也需要相應的資金。印度目前的義務教育制度還不夠完善，就算是進入附近的公立學校，也未必能受到最低限度的教育。預算不足和缺乏管理，導致校舍破爛不堪，連黑板和桌椅也不齊全，教師缺席和離職也是家常便飯……

ＮＧＯ的私塾課程經過精心設計，老師對教育有熱忱，學生可以學到生活和就業最低限度需要的當地語言、英語和算術，相當受歡迎，但也因此導致招收未就學兒童的目的難以達成。

◎階級社會的教育

孩子有接受良好教育的迫切需求，因此私立學校和大學的數量快速增加，但入學競爭也愈發激烈，升學考試產業的發展更是因此加倍蓬勃。

新成立的學校良莠不齊，因為經濟發展而增加的中產階級和即將成為中產階級的人，大多都是沒有上過菁英學校的父母，面對陌生的升學考試領域總會感到身心俱疲。付出大筆學校和補習班的學費，但孩子的成績卻一言難盡，大學畢業後還要面臨辛苦的就業競爭……

在有極端階級差異的印度，如果要把未來寄託在教育上，過程會比想像中的還要艱辛。

印度的識字率有77.7%。
咦？他們的教育水準不是蠻高的嗎？
印度的識字率
全體 74.04%
82.14%
男性
65.44%
女性
我懂了，因為女性比較低。
（※2011年）
印度人還是有女性不必受教育的觀念。
也有很多女性沒辦法上學。
情況很複雜。
印度理工學院是全球各大企業都肯定的名門學校吧。印度人都很聰明嗎？
如果是家庭富裕的小孩，從小就能在好學校接受頂尖菁英教育。
大家都很努力呢。

撰文：關口真理

06 近年的印度①廢鈔令

引發民怨的強硬政策

二〇一六年十一月八日的德里相當悽慘。汽車和工廠的廢氣、農田的策略燒除、排燈節的煙火和鞭炮濃煙久久不散，各個城鎮都成了「毒氣室」。但是，這個晚上還發生另一件令人永生難忘的事。

◎突如其來的廢鈔令

當地時間晚上八點，電視畫面的空氣污染指數切換成了莫迪總理，他宣布在四個小時後的九日凌晨0點，開始實施廢鈔令（demonetization）。

這個政策意味著「現行的大面額紙幣失效」，藉此將貪污、犯罪和恐怖分子暗藏的現金變成廢紙，以杜絕非法黑金流通。

民眾抗議政府沒有預告、沒有緩衝時間，但離譜卻強硬的政策，就是為了讓人沒有時間反應，掌握了印度的社會性、企圖在群眾恐慌以前搶先全面封鎖。

◎等待新紙幣的人龍

全國的銀行和ATM都停止提款服務。當時包含有錢人在內，整個社會都偏好使用現金交易，根本不可能在自家附近的店鋪刷卡購物。新紙鈔流通需要兩、三個月，這段期間內，幾乎所有印度人都處於「銀行裡有錢卻不能用」的慘狀。

還有效用的貨幣，只有日用品和找錢用的小額紙幣。十一月九日凌晨0點開始，光是靠留在錢包裡的小額紙幣，不知道能在這種不知何時才會結束的困境中存活多久，全民都只能無語問蒼天。每當街上傳聞哪裡的ATM補充了新紙鈔，人潮就會一窩蜂地擠過去。在空氣污染中昏暗灰濛的天空下，暫停運作的ATM前方排隊等到精疲力盡的隊伍始終未曾中斷。

因為階級和社會分化，印度從未發生過全民同感的苦難，而廢鈔令被評為自抗英獨立戰爭以來，第一次「讓廣大全民平等地體會了相同的危機和苦難」。

※有demonetisation和demonetization兩種說法。

什麼！今天開始大面額紙鈔不能用了！
2016年11月8日
500盧比和1000盧比！
可以存進銀行喔。
或是去換新紙鈔就好了。
哇～ATM都大排長龍。
明明這麼冷
咻～
大家都是為了存錢或換錢啊。
莫迪總理為什麼要做得這麼絕啊？
這都是為了讓貪污和犯罪、恐怖分子暗藏的現金變成廢紙。
還有好像也是為了推動非現金支付。
總之，我終於換到新紙鈔了！
搖搖晃晃
排了好久啊

撰文：關口真理

07 近年的印度②系統的進化與落差

便利服務引發的嚴重壅塞

在印度大馬路上，行道樹所在的道路不時會中斷，但並不是從這裡轉進去就能看到整齊漂亮的住宅區……道路中斷的地方會擠滿無數的摩托車和腳踏車。汽車像是驅趕蚊群一樣試圖開路前進，但前面一樣有滿滿的摩托車！

「這些都是外送車啦。」筆者曾經聽司機這麼抱怨道。雖說這些都是亞馬遜網購、超市配送、餐廳外送的貨車，但數量十分驚人……抵達目的地的摩托車還會隨處停放，變成新的障礙物。明明是步行就能快速抵達的距離，搭車卻動彈不得……

司機苦笑地說：「整天都是這樣啦。早晚再加上當地居民進出的車子就會更混亂。不是只有這一帶才這樣。」

◎應接不暇的網路宅配

要是人人都自己開車到大賣場和大型購物廣場逛街吃飯，就要花很多時間塞在路上或是尋找停車位，在人潮洶湧的購物中心裡筋疲力盡。剛興起的網路購物和外送服務，就是為了解決這種問題而大幅發展，二〇二〇年因應疫情的封城政策更是推波助瀾，讓購物系統進化、服務項目增加和多元化，使得網路宅配迅速普及。

再小的商品都可以一鍵下單。這與簡單的雜事都要使喚傭人來處理的印度生活型態不謀而合。因此，閑靜的住宅區也開始有了蚊群般的摩托車蜂擁而至。

「我有客人在等啊！」

主人已經多次打電話給遲遲沒外送餐點的餐廳客訴，但這些怒吼聽在客人我的耳裡也是很大的壓力。

餐廳過量接單、花太多時間調理餐點、外送員塞在車陣中、公寓結構複雜害外送員找不到地點……這些都是能輕易想像到的延遲狀況。服務水準趕不上過度進化的系統，現代與過去的印度之間的落差，也體現在這裡。

你好像很不耐煩欸。
我在網上訂的餐點還沒送來。
正準備要客訴。
這在印度是常有的事啦！
你看看外面。
哇~
亞馬遜網購、超市配送、餐廳外送的貨車……
還有摩托車都塞在路上。
而且自己開車出門的人也很多。
馬路上一直都很塞。
喔！已經到附近了啊！
太好了！
什麼？找不到是哪一戶!?
印度的公寓構造太過於複雜又混亂了很容易會迷路啊。
我的肚子真的好餓喔~

撰文：關口真理

08 近年的印度③智慧型手機和非現金支付

從現金主義成為非現金支付先進國

印度的地上通訊網路並沒有充分鋪設，要長時間打電話非常困難；不過，手機在問世後便迅速普及，導致市話網路尚未完全鋪設就失去了用途。連路邊的遊民都有手機。雇主也會發手機給員工，方便下達工作指示。而且基本月租費便宜得令人難以置信。

⊙智慧型手機是必需品

因此，印度現在是以智慧型手機通訊為主。要與印度人溝通，手機就必須安裝通訊軟體WhatsApp。通話和簡訊、訂購商品和餐點、使用支付程式、搜尋鐵路車票和機票、觀賞直播內容、玩遊戲、隨處自拍，印度人已經無法過著沒有手機的生活。

要是沒有手機，就無法用叫車App，沒辦法隨心所欲搭車移動。不需要講價和導航的Uber和印度自行開發的Ola因此大幅發展。連電動三輪車都逐漸轉換成叫車App的形式了。不過，印度的司機只能受雇於業者或車主，以Uber的型態執業。不熟悉地理狀況的外地工作者也能入行，所以他們往往看不懂手機標示的路線圖和語音導航，經常還是需要乘客指路。

⊙非現金支付短期內普及至全印度

現金萬能的情況急轉直下，在疫情期間，商家基於半義務性質導入的UPI（*）非現金支付方式迅速普及。連路邊排著竹籠的菜販也都是掛著「可用○○Pay」牌子。不過，印度的非現金支付規定要登錄身分證和印度的銀行帳戶，所以短期居留的外國人通常無法使用（這是為了防止外國人犯罪和恐怖分子洗錢）。這些支付系統當機的頻率比想像中還多，還有店家會突然蓋住「可用」的牌子，告訴顧客「今天不能用行動支付」，也有站在鼓勵非現金支付立場的政府官方商店，像在開玩笑似地聲稱只收現金，讓不少手頭沒有現金的印度人因此慌張地尋找ATM。

＊Unified Payment Interface

連遊民都有智慧型手機啊。
手機在印度的普及程度非常驚人。
手機比市話還更早普及。
沒有手機就什麼也不能做。
沒有叫車APP就招不到計程車。
連攤販也能非現金支付呢。
歡迎光臨
價格標籤上還有附QR碼。
可以用××PAY喔。
我來試試。
咦？不能付款？
沒有在印度的銀行開戶的話就沒辦法使用喔。
什麼！
付現金也可以喔。
真不知道這是方便還是不方便。

撰文：關口真理

09 印度的電影名作

民眾遠離電影院但仍有深植人心的作品

印度有「電影大國」之稱，但國民引以為傲的「電影」與印度人的關係已經逐漸改變了。印度電影榮獲國際電影大獎、在全球創下賣座票房，但關鍵的印度國民自己卻根本不看嗎!?

◎從電影院到OTT

新冠疫情重創了電影產業，加上封城導致觀眾紛紛走向串流媒體平台（例如Netflix，在印度通稱為OTT，Over-the-Top）。OTT陸續推出了新的長篇電影、多彩多姿的電視劇、實境節目，觀眾可以依照自己的喜好選擇觀看（也有日本製作的內容！）因此才與電影院慢慢疏離。能掀起熱門話題的作品變少，只能靠狂熱影迷不斷到電影院重複觀賞來撐起票房，簡直就像日本的御宅族。

◎超越世代的傳奇之作

不過，已成為社會現象的印度名片，依然超越了世代隔閡、深植在印度人的思想和言語之中。

在悲慘中仍保有尊嚴的女性奮鬥故事《印度母親》，和英年早逝的女主角納吉絲都是印度的傳奇。早年的印度名演員拉吉·加保代表作《Shree 420》，片名就是引用自法律名詞，意指「詐騙先生」，片中甚至還用了犯罪新聞的頭條標題。主角在片中唱的歌詞「我的鞋是日本製……」以及在日本取景的電影《Love in Tokyo》的插曲，都是印度人在招待日本人時必播的歌曲。

印度、南亞各國無人不知的電影《Sholay》，是由達曼德拉和阿米塔·巴昌擔綱的雙主角之作，片中每一幕、每一句台詞都是傳奇。阿姆賈德·罕飾演的反派卡巴爾，成為大惡棍的代名詞。以美麗主角的名字為片名的《Chandni》女主角詩麗黛瑋、主演《Umrao Jaan》的瑞卡，也都已經昇華成印度國民心中永遠的女神。

寶萊塢出品

如果．愛在寶萊塢 Om Shanti Om（2007）

「天王」沙．魯克．罕（Shah Rukh Khan）主演。致敬所有名作和名演員、講述對電影之愛的寶萊塢夢幻鉅作。

古盧大兄 Guru（2007）

以全球屈指可數的大財團創辦人德魯拜．安巴尼的生平為原型，在大銀幕上呈現印度的經濟歷史與商業世界。

三個傻瓜 3 Idiots（2009）

名演員阿米爾．罕（Aamir Khan）主演，一齣由名門理工大學資優生展開的青春喜劇。片中表現出的教育和社會現實，透露出些許苦澀的餘韻。

追擊枕邊謎 Kahaani（2012）

美麗的妻子來到加爾各答尋找失蹤的丈夫。在街頭的喧囂和祭典的絢麗背後，是一連串令人屏息的懸疑發展。由演技派女星瑋娣婭．芭蘭（Vidya Balan）主演。

寶萊塢之鋼鐵奶爸 Bajrangi Bhaijaan（2015）

一位印度大哥撿到來自巴基斯坦的迷路小孩!? 管他什麼國際糾紛，大哥就此出發展開送孩子回「家」的旅程。

寶萊塢以外

Muthu：跳舞的王者（1995）

最早在日本掀起印度電影風潮的歌舞片不朽名作。超級巨星拉吉尼坎特（Rajinikanth）在日本是家喻戶曉的知名印度演員。

巴霍巴利王 1．2 Baahubali 1．2（2015、2017）

以印度神話為背景的磅　故事與華麗的影像，為印度電影界開創全新水準的賣座奇幻鉅作。

巴哈旺大飯店 Hotel Salvation（2016）

各地的奇人異士為了追求理想的死期而紛紛來到聖城。一群懷抱缺憾的老人與他們的家人面對臨終的故事。

印英合作

甘地 Gandhi（1982）

由父親是印度人的英國知名演員班．金斯利（Ben Kingsley）主演，以聖雄甘地一生的際遇來探索印度獨立運動。電影史上的不朽名作。

亂世傷痕：末代總督的祕密 Viceroy's House（2017）

描述末代印度總督蒙巴頓公爵，與官邸的印度職員面臨印度獨立的情景。印度裔英國導演古莉．查夏（Gurinder Chadha）投射了自身祖先經歷的歷史電影。

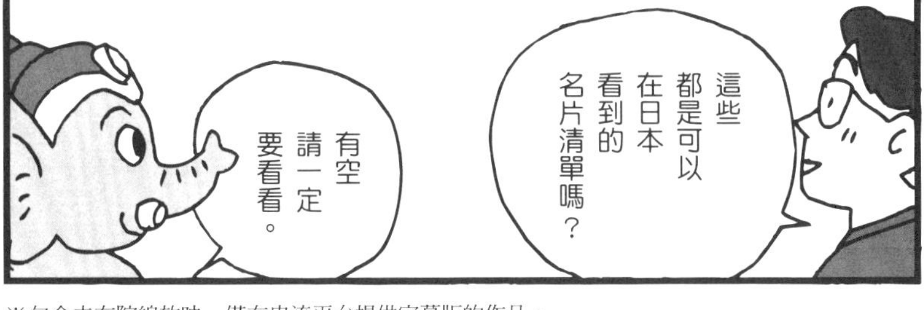
這些都是可以在日本看到的名片清單嗎？
有空請一定要看看。

撰文：關口真理

※包含未在院線放映、僅在串流平台提供字幕版的作品。

参考文獻

辛島昇他監修 『新版 南アジアを知る事典』平凡社

インド文化事典編集委員会 『インド文化事典』丸善出版

田中雅一・田辺明生編 『南アジア社会を学ぶ人のために』世界思想社

宮本久義・小西公大編 『インドを旅する55章』明石書店

辛島昇編 『南アジア史』山川出版社

山崎元一 『世界の歴史3 古代インドの文明と社会』中公文庫

佐藤正哲・中里成章・水島司 『世界の歴史14 ムガル帝国から英領インドへ』中公文庫

狭間直樹・長崎暢子 『世界の歴史27 自立へ向かうアジア』中公文庫

堀本武功・村山真弓・三輪博樹編 『これからのインド 変貌する現代世界とモディ政権』 東京大学出版会

佐藤隆弘編 『経済大国インドの機会と挑戦』白桃書房

押川文子・南出和余編 『「学校化」に向かう南アジア』昭和堂

竹中千春 『ガンディー 平和を紡ぐ人』岩波新書

丹羽京子 『タゴール』清水書院

伊藤融 『インドの正体「未来の大国」の虚と実』中公新書ラクレ

池亀彩 『インド残酷物語 世界一たくましい民』集英社新書

鈴木真弥 『カーストとは何か インド「不可触民」の実像』中公新書

佐藤大介 『13億人のトイレ 下から見た経済大国インド』角川新書

橋本泰元・宮本久義・山下博司 『ヒンドゥー教の事典』東京堂出版

山根聡 『4億の少数派 南アジアのイスラーム』山川出版社

山下博司『ヨーガの思想』講談社選書メチエ

天竺奇譚 『いちばんわかりやすいインド神話』 実業之日本社新書

辛島昇・大村次郷 『インド・カレー紀行』岩波ジュニア新書

夏目深雪・松岡環・高倉嘉男 『新たなるインド映画の世界』PICK UP PRESS

水科哲哉 『デスメタル インディア』合同会社パブリブ

神谷武夫 『インド建築案内』TOTO出版

岡口良子 『旅の指差し会話帳 インド ヒンディー語』情報センター出版局

袋井由布子『旅の指差し会話帳 南インド タミル語』情報センター出版局

榎木薗鉄也『新装版 インド英語のリスニング』研究社

パーラヴィ・アイヤール 笠井亮平訳 『日本でわたしも考えた インド人ジャーナリストが体感した禅とトイレと温泉と』白水社

作者

關口 真理（Sekiguchi・Mari）

1962年生於橫濱市。立教大學文學部博士前期課程修畢。專攻印度、南亞近現代史。淑德大學、大妻女子大學兼任講師。月刊附錄「印度通信」（現為網路版）編輯。為媒體和一般大眾提供資訊和仲介服務。合著《南アジア社会を学ぶ人のために》（世界思想社）、《インドを旅する55章》（明石書店）等書。

聯絡方式：mariamma@nifty.com

「印度通信」http://indotsushin.la.coocan.jp/india.htm

中島 岳志（Nakajima・Takeshi）

1975年生於大阪府。東京工業大學博雅教育研究教育院教授。在大阪外國語大學主修印地語。京都大學研究所亞非地區研究科博士課程修畢。專攻南亞地區研究、近代思想史。著有《中村屋のボースーインド独立運動と近代日本のアジア主義》（白水社，榮獲大佛次郎論壇獎、亞洲・太平洋獎大獎）、《秋葉原事件——加藤智大の軌跡》（朝日文庫）、《血盟団事件》（文藝春秋）、《アジア主義——その先の近代へ》（潮出版社）等。

辻田 祐子（Tsujita・Yuuko）

在日本貿易振興機構亞洲經濟研究所從事印度相關調查研究。曾駐留德里、清奈。包括貧民窟、農村調查在內，曾走訪印度國內各地，進行經濟、社會調查，近年也正在實施海外印度人調查。近年的主要業績請參照以下網址。https://researchmap.jp/Yuko_Tsujita。

三輪 博樹（Miwa・Hiroki）

1971年生。筑波大學研究所國際政治經濟學研究科學分修畢。

1999年至2002年擔任駐印度日本國大使館專門調查員。

現為帝京大學法學部教授。

專攻比較政治學、印度政治。

繁田 奈步（Shigeta・Naho）

1975年生於愛知縣。1999年在就讀東京大學教育學部期間，任職於infoPLANT股份有限公司（現為Macromill）。畢業後於2002年擔任infoPLANT董事。2004年成立infoPLANT的中國法人，擔任董事兼總經理。2006年離職，同時創立infoBRIDGE HOLDINGS股份有限公司，就任為CEO。繼中國事業之後創立了印度事業。現居印度，從事印度市場調查和商業進駐的顧問諮詢、市場行銷宣傳等業務。舉辦過多場印度經商的講座及演講。

infoBRIDGE官網：https://www.infobridgeasia.com/

決定版3小時
看漫畫認識印度

出　　版／楓書坊文化出版社
地　　址／新北市板橋區信義路163巷3號10樓
郵政劃撥／19907596 楓書坊文化出版社
網　　址／www.maplebook.com.tw
電　　話／02-2957-6096
傳　　真／02-2957-6435
作　　者／關口真理、中島岳志、辻田祐子、
三輪博樹、繁田奈歩
翻　　譯／陳聖怡
責任編輯／陳亭安
內文排版／謝政龍
港澳經銷／泛華發行代理有限公司
定　　價／480元
出版日期／2025年8月

國家圖書館出版品預行編目資料

決定版3小時 看漫畫認識印度 / 關口真理, 中島岳志, 辻田祐子, 三輪博樹, 繁田奈歩作 ; 陳聖怡譯. -- 初版. -- 新北市 : 楓書坊文化出版社, 2025.08　面 ;　公分

ISBN 978-626-7730-32-4（平裝）

1. 政治經濟 2. 社會發展 3. 多元文化
4. 通俗作品 5. 印度

552.371　　114008885